맥킨지의 로지컬 라이팅

맥킨지의 로지컬 라이팅

아카바 유지 감수 | 이지현 옮김

비즈니스를 위한 논리적 글쓰기 도감

Logical Writing

맥킨지 컨설턴트 출신이 알려주는 실전 글쓰기 기법 총정리!

유엑스리뷰

들어가며

글쓰기가 부담으로
다가오는 당신에게

"짧은 글쓰기도 힘들다."
"무엇을 써야 할지 모르겠다."
"어떤 문장이 좋은 문장인지 모르겠다."
"애초에 쓰고 뭘 쓰고 싶다는 생각 자체가 없다."

사람들은 이런저런 이유로 글 쓰는 게 부담스러워하거나 꺼려합니다. 나 또한 예전에는 글을 쓰는 게 서툴렀고 블로그에 포스팅조차 해본 적이 없습니다. 그런데 지금은 블로그에 글도 올리고 책도 스물네 권이나 출판했습니다. 과거에 외국계 컨설팅 회사 맥킨지 앤드 컴퍼니McKinsey & Company에서 14년간 근무했는데요. 당시 일본 기업과 한국 기업의 경영 개선 및 신규 사업 추진 업무를 맡았습니다. 입사 후 2년 동안은 무척 힘들었습니다. 일 때문에 막상 무엇인가를 쓰려고 해도 단어가 떠오르지 않았고 겨우 써낸 문장도 썩 마음에 들지 않았습니다. 문법이나 세세한 문장 구조를 신경 쓰기 시작하면 쓰고 지우고, 쓰고 지우고의 연속이었지요. 초조하고 불안해할수록 더 못 썼습니다.

그런데 그렇게 고생하면서도 관두지 않고 계속해서 보고서를 작성했더니 언제부턴가 '고객에게 전하고자 하는 내용'이나 '어떤 말로 보고를 해야 하는지' 등을 제대로 표현할 수 있었습니다. 숨겨진 특별한 능력이나 재능이 뒤늦게 발현했기 때문이 아닙니다. 사실 작성했던 보고서는 대부분 개조식個條式 문장이었습니다. 다시 말해, '굵고 짧게 꼭 필요한 문장을 적절하게 쓰는 업무용 문장' 말입니다. 처음에는 잘되질 않아도 포기하지 않고 계속해서 글을 쓴 결과, 글쓰기에 대한 두려움도 점차 사라졌고 눈에 띄게 보기 좋은 읽기 편한 문장을 만들 수 있었습니다.

이때부터는 깨달음의 연속이었습니다. '특히 업무용 문서는 개조식 문장으로 쓰면 된다', '문장 순서나 흐름에 정해진 규칙은 없으니 전달하고 싶은 것을 쓰면 된다', '하고 싶은 말을 나열했다가 정리하면 한결 깔끔해진다' 등의 생각이 글쓰기를 즐겁게 해주었습니다. 지금은 '글쓰기는 그렇게까지 특별하거나 두려워할 일이 아니다'라는 생각에 미치고 있습니다. 그러니 글쓰기가 서툴거나 두려워도 절대로 포기하지 마세요. 이 책에서 소개하는 테크닉을 배우고 계속해서 글을 써보세요. 분명히 어떤 글이라도 특히 업무용 글은 잘 쓰게 될 것입니다.

정확한 문장을 빠르게 쓸 수 있게 되면 어려운 내용의 메일이나 복잡한 보고서도 주저 없이 작성할 수 있고 업무 또한 원활히 수행할 수 있습니다. 일단 블로그를 개설해 보세요. 블로그에 계속해서 글을 쓰다 보면 언젠가는 출판의 기회가 찾아올지도 모르지 않습니까. 이 책을 통해서 글쓰기에 대한 두려움을 떨쳐버릴 수 있기를 간절히 바랍니다.

아카바 유지 赤羽 雄二

목차

Column 01 ················· 24
생각을 정리하기 위해 먼저 써보자

Chapter 2
문장을 간소화한다

들어가며 ················· 4

01 글의 구조를 복습한다 ············ 28
    ☑ 단문

Chapter 1
기본 토대가 되어줄 문장을 준비한다

02 적절한 문장의 길이는
    어느 정도인가? ················· 30
    ☑ 한 문장, 하나의 메시지

01 언제든 메모할 준비를 한다 ······· 12
    ☑ 메모장

03 주어와 서술어의 호응을
    알기 쉽게 한다 ················· 32
    ☑ 문장 구조

02 아이디어가 잘 떠오르는
    장소에 간다 ················· 14
    ☑ 4B

04 서술어는 중복하지 않는다 ······· 34
    ☑ 유의어 표현

03 말해야 할 포인트를 메모한다 ···· 16
    ☑ A4 용지

05 능숙한 수식어 사용법 ············ 36
    ☑ 구, 조사

04 메모한 내용을 정리해
    문장을 구성한다 ················· 18
    ☑ 소재 도출

06 접속어로 관계성을
    명확히 한다 ················· 38
    ☑ 접속사, 접속 조사

05 일단 쓰기 시작한다 ············ 20
    ☑ 생각난 순서

07 접속사를 남용하지 않는다 ······· 40
    ☑ 역접

06 망설이지 말고, 멈추지 말고
    끝까지 쓴다 ················· 22
    ☑ 수정

08 생략할 수 있는 주어도 있다 ······ 42
    ☑ 공통의 주어

| 09 | 지시어를 자주 쓰지 않는다 ······ 44
- ✔ 지시어

| 10 | 높임말에는 여러 가지가 있다 ···· 46
- ✔ 높임말

| 11 | 높임말이 과도하면 무례하다 ······ 48
- ✔ 적절한 높임말 표현

| 12 | 높임말을 사용하지
  않을 때도 있다 ·················· 50
- ✔ 높임말의 단계

| 13 | 반복적인 표현은 좋지 않다 ······· 52
- ✔ 유의어 반복

| 14 | 비유와 예화의 장점 ················ 54
- ✔ 비유

| 15 | 비유의 종류를 기억한다 ··········· 56
- ✔ 직유와 은유

| 16 | 동일한 표현을 반복하지 마라 ····· 58
- ✔ 단어, 표현의 반복

| 17 | 내용 중복에 주의한다 ············· 60
- ✔ 내용 중복

Column 02 ························· 62
자주 실수하게 되는 높임말

Chapter 3
문장 내용을 정리하기 위한
논리적 사고

| 01 | 글의 용도와 읽는 사람을
  의식한다 ························ 66
- ✔ 읽는 사람(독자)

| 02 | 글의 용도와 읽는 사람 ①
  비즈니스 메일 & 채팅 ··········· 68
- ✔ 비즈니스 메일, 채팅

| 03 | 글의 용도와 읽는 사람 ②
  기획서 ·························· 70
- ✔ 기획서

| 04 | 글의 용도와 읽는 사람 ③
  프레젠테이션 자료 ··············· 72
- ✔ 프레젠테이션 자료

| 05 | 글의 용도와 읽는 사람 ④
  소셜 네트워크 ···················· 74
- ✔ 소셜 네트워크

| 06 | 글의 용도와 읽는 사람 ⑤
  자기소개서 ······················ 76
- ✔ 자기소개서

07 글쓴이가 주제를
    충분히 이해해야 한다 ············ 78
    ✔ 주제

08 결론부터 언급한다 ··············· 80
    ✔ 결론 먼저!

09 충분히 천천히
    3단 피라미드 구조 ··············· 82
    ✔ 3단 피라미드 구조

10 글을 꼼꼼히 3단 구성 ············ 84
    ✔ 3단 구성

11 기승전결로 읽는 사람을
    사로잡는다 ······················ 86
    ✔ 기승전결

12 CRF법으로 설득력을 높인다 ····· 88
    ✔ CRF법

13 SDS법으로 꼭 기억해야 할
    내용을 설명한다 ·················· 90
    ✔ SDS법

14 CRF법 + SDS법
    = PREP법 ······················· 92
    ✔ PREP법

15 결론의 근거는 일곱 가지 ········· 94
    ✔ 이유 포인트

Column 03 ······················· 96
혼동하기 쉬운 동음이의어

Chapter 4
문장을 알기 쉽게 만드는 테크닉

01 주어와 서술어를 가까이 둔다 ·· 100
    ✔ 주어 하나에 서술어 하나

02 문장의 의미가
    명확해지는 목적어 ··············· 102
    ✔ 목적어

03 수식어는 피수식어 옆에 둔다 ··· 104
    ✔ 수식어, 피수식어

04 행갈이로 읽기 편한
    문장을 만든다 ···················· 106
    ✔ 행갈이

05 열거한 표현의 품사를
    통일한다 ························· 108
    ✔ 품사

06 올바른 쉼표 사용 ················ 110
    ✔ 쉼표

07 어려운 전문 용어를
    자주 쓰지 않는다 ················ 112
    ✔ 전문 용어

08 난해한 숙어 표현은 풀어쓴다 ··· 114
    ✔ 숙어

09 누구나 아는 외래어만 쓴다 ····· 116
    ✔ 외래어, 외국어

10	고유 명사를 적절히 사용한다 ···· **118**
	☑ 고유 명사

11	비교 또는 범위를 제시한다 ······**120**
	☑ 비교, 범위

12	추상과 구체를 묶는다 ············ **122**
	☑ 추상적 표현, 구체적인 사례

13	사실과 의견을 분명하게 한다 ···· **124**
	☑ 사실, 의견

14	결론을 흐리지 마라 ················ **126**
	☑ 말끝

15	확실한 관계성으로 오해의 소지를 없애라 ············ **128**
	☑ 관계성

16	동일한 범주의 정보는 한 곳에 ··**130**
	☑ 동일한 범주

17	글의 표지판, 제목 ················· **132**
	☑ 제목

18	요점 중심 개조식 문장 ··········· **134**
	☑ 번호 매기기, 개조식

Column 04 ·························· **136**
우리말로 바꿔 쓰면 좋은 비즈니스 외래어

Chapter 5
더 나은 문장과 글을 위한 습관

01	모르는 단어는 사전을 찾는다 ···**140**
	☑ 어휘력

02	좋은 문장을 반복해서 읽는다 ···**142**
	☑ 명문

03	내면을 갈고 닦는다 ················· **144**
	☑ 인생관

04	글을 쓸 공간을 마련하자 ········ **146**
	☑ 블로그

05	출판도 할 수 있다 ················· **148**
	☑ 소개

Column 05 ·························· **150**
글에서 중요한 것은 정보의 '정확성'이다

Chapter 1

기본 토대가 되어줄
문장을 준비한다

좋은 글을 쓰려면 우선 좋은 문장부터 만들어야 합니다.
시간을 들이지 않고 준비할 수 있다면 얼마나 좋을까요.
주제 찾기와 글쓰기를 수월하게 하는 간단한 요령을 알아봅시다.

KEYWORD → ✓ 메모장

 언제든 메모할 준비를 한다

좋은 문장을 만들고 글을 쓰려면 '메모'하는 습관이 무엇보다 중요하다.
머릿속에 떠오른 생각이나 아이디어는 반드시 기록해 두자.

인간의 뇌는 아무리 길어도 1분 정도면 머리에 떠오른 '뭔가'를 잊어버린다고 합니다. 모처럼 떠오른 참신한 아이디어나 멋진 발상이 기억의 저편으로 사라져버린다면 아쉽겠죠. 일상 속의 색다른 발견이나 기발한 번뜩임이 물거품처럼 사라져 버린다면 얼마나 안타깝나요. 그러니까 우리는 기록하는 습관을 들여봅시다. 머릿속에 번뜩 떠오른 것을 바로바로 적어두지 않으면 떠올렸던 것 자체를 잊어버리고 마니까요. 언제 어디서든 메모할 수 있도록 필기도구와 수첩 또는 메모 용지를 갖고 다녀보세요. 물론 스마트폰 메모 기능을 활용해도 좋습니다.

아이디어가 떠오른 후 30초가 골든 타임!

필기도구는 볼펜, 연필, 만년필 등 뭐든지 상관없습니다. 기록 매체도 메모장이나 노트, 메모지 등 다양하지요. 스마트폰이나 컴퓨터도 괜찮습니다. 일단 머릿속에 떠오른 것은 '웬만하면 모두 적는다'가 중요합니다. 메모하는 습관을 들이면 노트에 요령껏 정리하는 기술도 익힐 수 있습니다. 업무나 공부 스케줄 관리를 비롯한 일기, 회의록, 강연 내용, 읽은 책의 내용 정리 및 발췌, 'TO DO' 리스트 등을 글로 정리할 수 있습니다.

KEYWORD → ✓ 4B

아이디어가 잘 떠오르는 장소에 간다

아이디어가 잘 떠오르는 장소는 사람마다 다르다. 자신만의 특별한 장소를 유용하게 활용하면 참신한 아이디어는 물론 다양한 발상을 떠올릴 수 있다.

'아이디어가 잘 떠오르는 장소'라고 하면 어떤 곳이 생각나지요? 태어나고 자란 환경이 모두 다르니 사람마다 그러한 장소는 다 다를 텐데요. 과거 중국의 북송 시대에 정치가이자 학자였던 구양수는 글이 잘 떠오르는 장소로 '삼상三上'을 들었습니다. 삼상이란 마상馬上(말을 타고 있을 때), 침상枕上(잠자리에 누워 있을 때), 측상厠上(화장실에 있을 때)을 말합니다. 지금은 말을 타지 않으니 마상은 지하철이나 버스 등 교통수단을 이용하는 시간이라 말할 수 있겠군요. 천여 년 전 사람들은 주로 이런 곳에서 사색을 즐겼던 모양입니다.

참신한 아이디어가 탄생하는 장소

현대인들은 주로 어디에서 아이디어가 잘 떠오를까요? 정신과 의사인 가바사와 시온樺沢紫苑은 '창조성의 4B'라고 하여 Bus(교통수단으로 이동하는 도중), Bed(자기 전이나 잠에서 깼을 때), Bathroom(샤워하거나 화장실에서 볼일을 볼 때), Bar(술을 마실 때)를 들었습니다. 4B 중에서 세 가지가 구양수의 삼상과 겹치는 점에 주목해 보세요. 예나 지금이나 아이디어가 잘 떠오르는 장소는 별반 차이가 없다는 의미까요. 그러니 언제든지 메모할 수 있게 손이 닿는 곳에 필기도구를 준비해 봅시다.

KEYWORD → ✓ A4 용지

 말해야 할 포인트를 메모한다

일의 상황을 파악하고 문제가 있다면 이를 신속하게 해결하는 능력이 필요하다. 이런 능력을 향상하기 위한 가장 좋은 방법은 메모를 통한 훈련이다.

특히 사업가나 경영인, 회사원이라면 자신의 머릿속 생각을 명확하게 정리해야 합니다. 그래야 비즈니스 현장에서 벌어지는 여러 가지 문제에 대해 대처할 능력이 생깁니다. 당연한 이야기지만 문제를 제대로 파악할 수 없다면 문제 해결력 또한 기대할 수 없겠죠. 문제를 파악하고 해결하는 과정이 원활하지 않으면 전체적인 업무 진행 속도가 느려지는 건 말하지 않아도 뻔한 결과이고요. 그리고 이런 일을 경험을 쌓는다고 해서 개선할 수 있는 성질이 아닙니다. 하지만 머릿속을 명확하게 정리할 수 있는 최적의 방법이 있다면 어떨까요? A4 용지를 활용해서 메모해 보세요. 간단하지만 효과는 상당합니다.

하고 싶은 말을 일단 적는다

A4 용지와 필기도구만 준비하세요. 일단 용지를 가로 방향으로 두고 글의 주제를 생각합니다. 그다음에 왼쪽 상단에는 주제를, 오른쪽 상단에는 날짜를 적습니다. 한 줄의 길이를 20~30자 정도로 하고, 4~6줄 정도 분량을 한 페이지로 정하고 하루에 10~20페이지씩 적습니다. 오자나 띄어쓰기 등은 신경 쓰지 말고 머릿속에 떠오른 것을 자유롭게 적습니다. 3개월 후에 꺼내어 보면 자신이 쓴 내용에 감탄할 것입니다. 이처럼 머릿속을 언어화할 수 있는 능력이 생기면 문제 파악 능력이나 해결, 일 처리 속도도 향상됩니다.

KEYWORD → ☑ 소재 도출

메모한 내용을 정리해 문장을 구성한다

머릿속에 떠오른 아이디어나 발상 등을 메모하여 소재를 찾았다면 글의 내용을 구성하고 문장을 만든다.

메모 단계에서는 간단한 단어든 짧은 감상이든 뭐든지 상관없습니다. 누군가에게 보여주기 위한 것이 아니니 형식에 구애받지 말고 자유롭게 써보세요. 일단 뭐든지 쓰는 게 중요합니다. 내용의 순서나 쓸 만한 소재인지 아닌지는 신경 쓰지 않아도 됩니다. 다만 '종이 한 장에 주제 하나'를 정해서 쓰면 나중에 정리할 때 편하겠죠. 이를테면 '업무에 관련', '소통에 관해서', '미래에 대해서', '궁금한 것들' 등과 같이 한눈에 볼 수 있도록 주제를 나누어 쓰면 좋습니다.

문장을 구성하는 3단계

소재를 찾아내는 작업이 끝났다면 그다음은 본격적으로 문장을 만드는 단계(문장화)입니다. 문장화라고 해서 어려울 것은 하나도 없습니다. 주제별로 나누어 쓴 메모 중 하나의 주제를 선택하여 언제, 어디서, 누가, 무엇이 결과적으로 어떻게 되었는지 등 순서를 정리해 보세요. 그리고 살을 덧붙이거나 오탈자, 띄어쓰기 등을 수정하는 거예요. 소재를 도출하는 단계는 단편적이었던 아이디어나 발상이 구체적인 문장으로 탈바꿈해 나가는 과정입니다. 훨씬 즐거운 작업이 되겠지요!

KEYWORD → ✓ 생각난 순서

일단 쓰기 시작한다

뭘 써야 할지 모를 때는 '일단 쓰는 것'이 최선책이다. 뭐라도 쓰고 나면 개선해야 하거나 보완해야 할 부분이 보인다.

아무리 뛰어난 문필가라도 언제 어디서든 글을 쓸 수 있는 것은 아닙니다. 의욕이 마구 솟는 날이 있는가 하면 생각이 잘 정리되지 않아서 애를 먹는 날도, 도통 뭘 써야 할지 소재가 떠오르지 않는 날도 있습니다. 이런 상황이 벌어지면 어떻게 해야 할까요? 뭔가를 쓸 수 있을 때까지 휴식을 취해야 할까요? 아니죠. 이는 잘못된 방법입니다. 수많은 문필가는 이럴 때 무엇이든 개의치 않고 일단 쓰기 시작한답니다. '뭐든지 일단 쓰면' 어떤 변화가 생길까요?

유려한 문장을 쓰려고 노력하거나 애쓰지 않는다

첫 문장을 쓰면 두 번째 문장이 떠오르고 두 번째 문장을 쓰면 세 번째 문장이 떠올라 글쓰기가 서서히 진척됩니다. 이때 생각난 순서대로 편하게 쓰면 좀 더 수월하게 글쓰기를 진행할 수 있습니다. 결론부터 쓰든 구체적인 사례부터 쓰든 상관없습니다. 자신에게 편하고 쉬운 방법이 가장 좋은 방법입니다. 그리고 문장과 문장 사이의 연결은 다 쓴 후에 천천히 생각하세요. 초반부터 멋진 문장을 쓰려고 애를 쓰면 부담감에 사로잡혀 뭔가를 쓰기도 전에 지쳐버립니다. 일단 가볍게, 편한 마음으로 써보세요.

KEYWORD → ✓ 수정

망설이지 말고, 멈추지 말고 끝까지 쓴다

꾸준히 메모를 하다 보면 머릿속의 생각을 언어화하는 힘이 생긴다.
이렇게 언어화한 것을 그대로 글로 써본다. 수정은 나중에 하면 된다.

메모하는 습관이 생기면 아이디어나 단편적인 발상, 깨달음 등을 머릿속에서 언어화하는 힘이 향상된다고 합니다. 그리고 '일단 써보자'하는 생각도 자연스럽게 따라오겠죠. 이 단계에 이르렀다면 이젠 멈추지 않고 끝까지 글을 쓰는 훈련을 해보세요. 도중에 멈추지 않는 것이 중요합니다. 글쓰기가 끝날 때까지 다른 생각은 일절 하지 말고, 쓰기만 하는 겁니다. 메모 쓰기 훈련을 통해서 단어를 고르지 않고 쓰는 것에 익숙해졌으니 수월하게 쓸 수 있을 것입니다.

빠르게 문장을 쓸 수 있는 수준까지 실력이 올랐어도 '틀리지 않았는지 걱정이다', '좋은 문장을 써야 하는데…', '이해하기 쉬운 문장을 썼나?' 등 여러 고민에 사로잡혀 자신이 쓴 글을 회의적으로 바라보면 안 됩니다. 모든 것을 글로 토해낸다는 느낌으로 단숨에 쭉 쓰는 것이 가장 중요합니다. 끝까지 다 쓰기만 하면 나중에 문서 프로그램으로 얼마든지 수정할 수 있으니까요. 아무리 뛰어난 문필가라도 처음부터 틀리지 않고 글을 쓸 수는 없습니다. 우선 먼저 끝까지 멈추지 않고 다 쓰고 나서 나중에 천천히 수정하세요.

Column 01

생각을 정리하기 위해
먼저 써보자

학창 시절에 작문이나 독후감을 잘 썼던 기억이 없어서 어른이 되어서도 글쓰기에 자신이 없는 사람이 의외로 많습니다. 이런 사람은 글쓰기를 '정보 전달의 수단'으로만 여겨서 자신의 머릿속 정보를 정리하지 않고 여과 없이 밖으로 꺼냅니다. 그래서 문장과 글이 매끄럽지 못한 것입니다.

글쓰기는 '사고의 수단'이라는 점을 인식하는 것이 가장 중요합니다. 머릿속의 정보를 문자화하여 밖으로 꺼내어 정리하는 것이지요. 실제로 소설가, 수필가로 대표되는, 글을 쓰는 것이 직업인 사람일수록 글의 '설계도' 작성에 시간과 공을 들입니다.

구체적으로는
① 글의 종류와 용도는 무엇인가?
② 어떤 구성으로 쓸 것인가? (기승전결, CRF법, SDS법 등)
③ 어디에 어떤 정보를 넣을 것인가?

1~3에 관한 정보를 본격적으로 쓰기 전에 일단 메모장에 정리합니다. 추상적이라서 문장으로 표현하기 어려운 내용이라면 그림을 활용해도 좋습니다.

예를 들어 새롭게 문을 여는 아동용 복합 시설에 관한 광고 기사를 쓰는 경우,

① 광고 기사. 유아부터 초등생까지의 자녀를 둔 부모가 주요 대상

② 구성은 SDS법

③ 개요 Summary – 시설물의 장소, 개관일, 콘셉트 소개

　상세 Details – 시설과 서비스 등에 대해서 자세하게 해설

　마무리 Summary – 이용자가 얻을 수 있는 장점 기술

이렇게 메모장에 쓸 수 있습니다. 물론 메모한 대로 썼는데 '왠지 이해가 가지 않거나 마음에 들지 않는' 글이 완성되는 일도 있습니다. 그럴 때는 시간을 두고 다시 읽어 보고 천천히 글을 다듬어보세요(퇴고 과정).

사실 글을 쓰기 위한 정보를 잘 정리했다고 해서 곧바로 좋은 글을 쓸 수 있는 것은 아닙니다. 운동선수들이 좋은 성적을 거두기 위해 매일 훈련을 거르지 않는 것처럼 글도 마찬가지입니다. 글의 질을 높이기 위해서는 많이 써봐야 합니다.

실제로 소설가도 작품이 연재되기까지 여러 차례 글을 다듬습니다. 단행본으로 출간될 때도 다시 한번 살펴보지요. 어떤 소설가는 재쇄 때까지 글을 다듬을 정도입니다.

그러므로 글쓰기가 서툴거나 자신이 없는 사람은 짧은 글이라도 좋으니 일단 뭐가 써보는 습관을 들여보세요. 일상에서 자신이 겪었던 일을 간단하게 쓰는 일기도 좋고, 인터넷 서점에서 구매한 책을 읽고 리뷰를 작성해 보는 것도 좋습니다. 후자는 정보의 인풋, 아웃풋을 훈련하는 데 상당히 효과적입니다.

Chapter 2

문장을 간소화한다

장문보다 단문이 당연히 읽기 편하고 이해하기 쉽습니다.
기본 토대가 되어줄 문장을 썼다면
불필요한 부분을 생략하여 깔끔한 문장으로 만들어봅시다.

KEYWORD → ✓ 단문

글의 구조를 복습한다

읽기 편하고 이해하기 쉬운 문장과 글을 쓸 수 있는 좋은 방법은 무엇일까?
불필요한 단어를 삭제하고 되도록 간략하게 써야 한다.

글을 쓰기 전에 그 구조를 확인해 보세요. 글의 구조는 실제로 매우 간단합니다. 기본적으로 주어와 서술어로 이루어진 문장의 연속이지요. 그런데 이를 어렵고 복잡하게 만드는 가장 큰 원인이 있습니다. 바로 글 쓰는 사람이 욕심을 내서 불필요한 정보를 과하게 넣는 것이죠. 정보량이 지나치게 많은 문장은 읽기 힘듭니다. 그래서는 중요한 내용을 제대로 전달하지 못합니다. 간결한 문장을 쓰려면 불필요한 정보나 장황한 표현 등은 삭제해야 합니다. 그러면 간단한 (주어와 서술어) 단문이 글의 기본 토대가 됩니다.

그리고 이런 단문을 반복해서 쓰면 읽기 편하고 이해하기 쉬운 글이 탄생합니다. 단문의 경우는 주어와 서술어의 거리가 짧아서 그다음 문장을 읽지 않아도 '누가 어떻게 했다'라는 사실관계가 명확합니다. 또한 단문으로 의미를 전달하려면 더욱 적절한 단어를 엄선해야 하므로 글쓴이의 주장도 명확해집니다. 이렇게 단문을 중심으로 글을 쓰면 내용이 더 잘 전달되며 글 전체의 리듬과 흐름도 좋아집니다.

KEYWORD → ✓ 한 문장, 하나의 메시지

적절한 문장의 길이는 어느 정도인가?

문장은 간결하고 짧은 편이 좋다고 설명했다. 그렇다면 구체적으로 몇 글자 정도가 이상적일까?

문장 하나의 길이는 보통 40~60자 정도가 가장 이상적이며 아무리 길어도 60자 이내로 합니다. 긴 문장은 주어와 서술어의 관계가 복잡해져서 이해하기 힘들겠죠. 그만큼 정보량도 늘어나므로 읽는 사람이 따라가지 못하기도 합니다. 문장이 길어질 때는 일단 불필요한 부분을 잘라내세요. 그리고 무리해서 한 문장으로 이어 쓰지 말고, 두 개의 문장으로 나누는 것이 바람직합니다. 이런 작업을 확실하게 해두면 적어도 60자 이내로 문장 길이를 조절할 수 있고 저절로 이해하기 쉬운 글이 됩니다.

한 문장은 40~60자 이내가 가장 좋다

단, 여기서 명심해야 할 것이 있습니다. 글자 수만 줄이면 되는 것이 아니라는 점입니다. 글자 수가 적어도 정보량이 많으면 읽는 사람은 다 기억하지 못합니다. 그러니 '한 문장, 하나의 메시지'를 기억하세요. 한 문장에 메시지 하나를 담아야 읽는 사람에게 잘 전달됩니다. 반드시 지켜야 하는 규칙은 아니지만 문장을 작성할 때 기준으로 삼으면 좋을 거예요.

KEYWORD → ✓ 문장 구조

 ## 주어와 서술어의 호응을 알기 쉽게 한다

문장 구조는 주어와 서술어로 이루어진다. 이는 매우 중요한 포인트로, 글을 쓸 때 항상 주어와 서술어의 호응이 잘 맞는지 확인해야 한다.

앞서 간결한 문장의 기본 구조는 주어와 서술어라고 설명했습니다. 주어와 서술어의 호응이 잘 이루어져야 문장 구조도 명확해지고 읽는 사람도 편하게 읽을 수 있습니다. 나쁜 사례로 주어와 서술어의 호응이 잘 이루어지지 않은 문장을 들 수 있습니다. 이를테면 '대표 선수의 임명권은 대표 감독이다'와 같은 문장이지요. 사람이 아닌 '임명권'이라는 주어가 '대표 감독이다'라는 인물과 호응을 이루지 못하므로 어색합니다. '대표 선수의 임명권을 가진 사람은 대표 감독이다'라고 고치면 문장은 명확해집니다.

문장의 기본적인 구조

이런 단문 이외에도 한 문장 안에서 주어가 바뀌거나, 바뀐 주어에 서술어를 호응시키느라 문장 구조를 복잡하게 얽는 경우도 있습니다. 이를 피하려면 주어가 어떤 서술어에 걸리는지 명확히 구분해서 두 개 이상의 문장으로 나누는 것이 좋습니다. 이때 주어와 서술어를 가까이 두면 읽는 사람의 오독을 막을 수 있습니다.

또한 주어를 생략하는 문장도 있지만 기본적으로 이해하기 쉬운 문장을 만들려면 주어를 정확하게 명시하고 제멋대로 생략하지 않는 것이 좋습니다.

KEYWORD → ✓ 유의어 표현

 서술어는 중복하지 않는다

한 문장에 많은 정보를 넣으려고 욕심 내면 서술어가 중복된다. 간결하고 이해하기 쉬운 문장을 쓰고 싶다면 서술어 중복은 반드시 피해야 한다.

주어와 서술어가 큰 틀을 이루는 것이 문장 구조의 기본입니다. 아무리 강조해도 지나치지 않아요. 그러나 종종 서술어가 중복되는 경우가 발생합니다. 이는 초등학생이 쓴 글을 보면 잘 알 수 있습니다. '오늘 아빠와 놀이동산에 갔다. 처음에는 놀이기구 A를 탔고, 그다음에는 B를 탔고, 그다음에는 C를 탔고…'와 같이 주어를 생략한 채 서술어 부분만 중복되어 그 수가 늘어납니다. 많은 양의 정보를 전달하려고 욕심을 부리다가 서술어가 길어진 것이지요. 이러한 일은 우리가 대화를 나눌 때도 심심치 않게 일어납니다.

그런데 이렇게 서술어가 중복되는 장황한 문장은 유치한 인상을 주므로 업무 문서에는 적합하지 않습니다. 동일한 의미의 서술어를 삭제하고 비슷한 뜻을 가진 단어를 여러 번 사용하지 않았는지 확인해야 합니다. 비슷한 뜻을 가진 단어를 '유의어'라고 합니다. 한 문장에 유의어를 여러 번 사용했다면 생략하는 것이 좋습니다. 어디까지나 '한 문장 안에서 주어에 호응하는 서술어는 하나'를 기준으로 여러 개의 문장을 만듭시다. 그리고 이때 부적절한 서술어 표현을 삭제하는 것도 항상 고려해야 합니다.

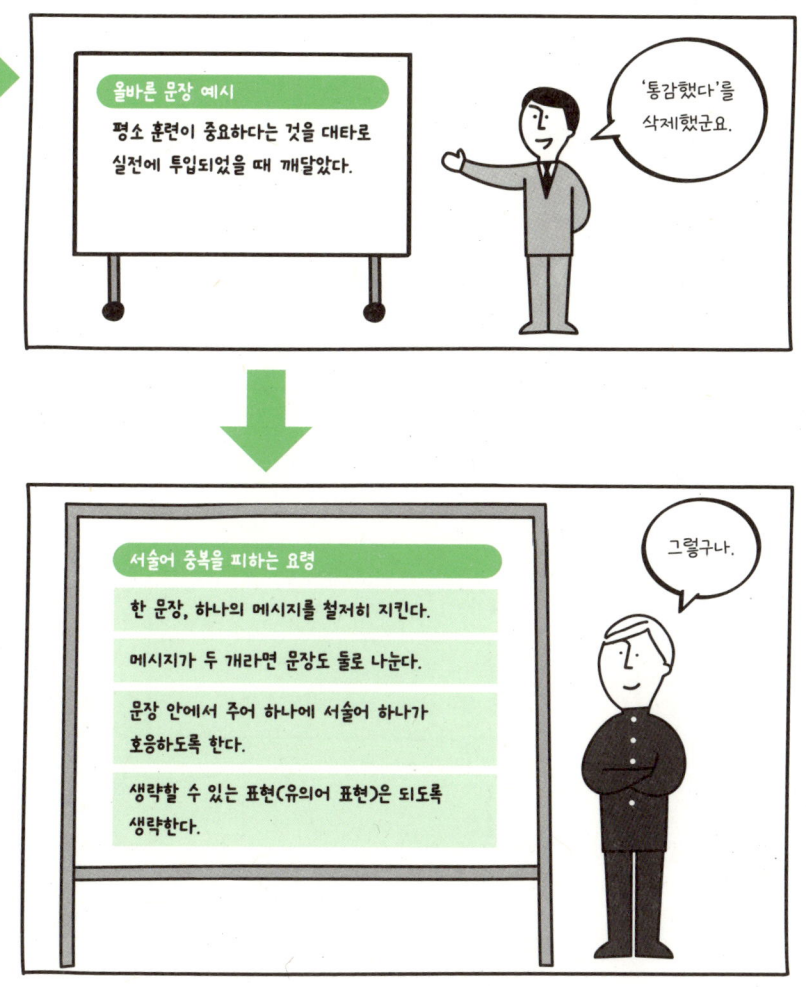

KEYWORD → ✓ 구, 조사

 **능숙한 수식어 사용법**

문장에는 수식어가 필요하다. 이때 '구'와 '조사'를 구분해서 쓰면 문장의 이해도가 확연히 달라진다.

예를 들어 '나는 책을 읽었다'라는 주어와 서술어로 이루어진 문장은 정보량이 너무 적습니다. 정보를 늘려서 '나는 사업에 도움이 되는 책을 읽었다'처럼 수식어를 넣으면 어떤 상황인지 이해할 수 있습니다. 다만 수식어가 무엇을 꾸미는지, 어디에 걸리는지 알기 어려운 문장은 이해하기가 힘들지요. 가령 '나는 여행지에서 멋진 수많은 외국인과 같이 사진 찍기를 원하는 여성을 만났다'라는 문장의 경우 두 가지 의미로 해석할 수 있습니다.

피수식어를 알기 쉽게 한다

나쁜 문장 예시
나는 외투에 빨간 장미가 그려진 여성에게 말을 걸었다.

⬇ 개선

올바른 문장 예시
나는 빨간 장미가 그려진 외투를 입은 여성에게 말을 걸었다.
or
나는 여성에게 말을 걸었다.
그 여성은 빨간 장미가 그려진 외투를 입었다.

'멋진'이 '외국인'을 꾸미는 것인지 아니면, '여성'을 꾸미는 것인지에 따라서 의미가 달라집니다. 이를 이해하기 쉽게 수정해야 하는데, 전자라면 '나는 여행지에서 수많은 멋진 외국인과 같이 사진 찍기를 원하는 여성을 만났다'가 됩니다. 후자라면 '나는 여행지에서 멋진 여성을 만났다. 그 여성은 수많은 외국인과 같이 사진 찍기를 원했다'가 되겠죠. 이처럼 수식어가 연속되는 '부사구'와, 형용사 들을 포함한 '관형사'를 구분해서 무엇을 꾸미는지 생각해 보세요.

KEYWORD → ✓ 접속사, 접속 조사

06 접속어로 관계성을 명확히 한다

한 문장을 잘 작성했다면, 이제 그 문장을 어떻게 좋은 글로 이어 나갈 것인지를 생각해야 한다. 이를 위해서는 접속어가 매우 중요한 역할을 한다.

글은 여러 문장이 모여서 만들어진 집합체입니다. 아무리 멋진 문장을 썼어도 앞뒤에 오는 다른 문장과 조화를 이루지 못하면 의미가 전달되지 않습니다. 그런데 문장은 저마다 의미와 형태가 다르기에 모든 문장이 저절로 자연스럽게 이어지는 것이 아닙니다. 이를 보완하는 장치가 바로 접속어입니다. 접속어는 접속사와 접속 조사로 나뉩니다. '그런데도', '그러나', '따라서', '하지만', '즉', '또한', '및' 등이 우리가 평소에 사용하는 접속사입니다. 이들은 문장과 문장을 연결해 주며, 의미의 흐름을 자연스럽게 이어줍니다.

접속어로 좋은 문장을 만든다

두 문장이 어떤 관계인지 모르겠어요.

대충 예측은 할 수 있지만….

잘못된 문장 예시

1. 이집트 여행에서 같은 투어 멤버였던 사람을 사랑하게 되었다. 그녀는 본국에 애인이 있는 것 같다.

2. 오늘도 근력 운동을 했다. 체지방률은 크게 줄었다.

한편 접속 조사는 단독으로는 쓰일 수 없고 '…인데', '…이므로'와 같이 어절 단위로 문장을 연결합니다. 또한 접속사는 아니지만 접속어 취급을 받는 어구가 있습니다. 둘 다 접속어로 순접이나 역접 등의 관계를 자연스럽게 전개해 줍니다. 접속어의 관계성을 통해서 문장과 문장 사이의 관계가 매끄럽게 흘러가지요. 접속어를 잘 사용하면 문장 전후의 관계성이 명확해져 글은 훨씬 더 좋아집니다.

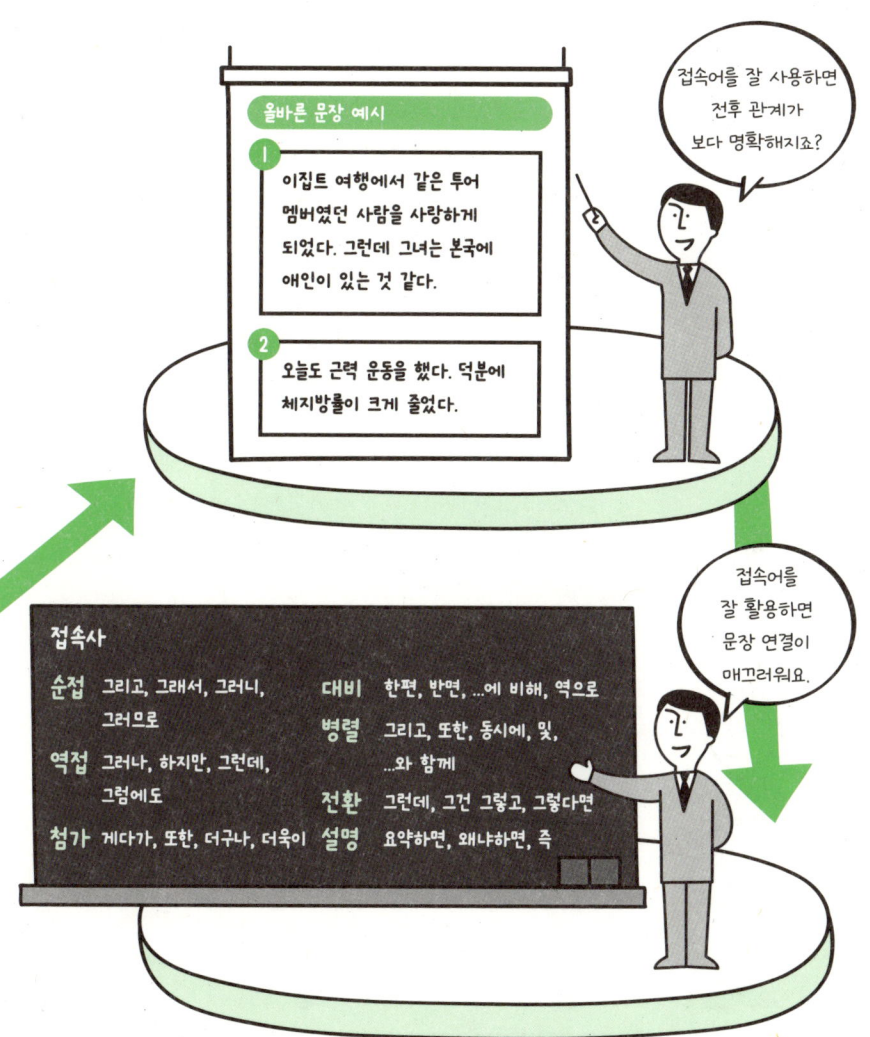

KEYWORD → ✓ 역접

 **접속사를 남용하지 않는다**

접속사는 종류도 많고 유용한 문장 성분이다. 그래서 남용하는 경향이 있는데 접속사가 많으면 정돈되지 못한 난삽한 글이 된다.

접속사가 많으면 읽기 힘듭니다. 초등학생이 쓴 글에서 자주 볼 수 있는데요. 예를 들어 '신정 연휴에 사촌이 놀러 왔다. 그래서 둘이서 카드놀이를 했다. 그런데 시간이 없어서 많이 놀지 못했다. 그래도 삼촌이 세뱃돈을 주셔서 기뻤다'처럼 문장이 끝날 때마다 접속사를 넣은 경우입니다. 특히 역접 접속사가 계속 이어지면 읽는 사람은 무척 당혹스러워요. 문장 구조 자체를 바꾸어 가급적 접속사 남발을 피하세요. 접속사를 아무 생각 없이 쉽게 사용해서는 안 된다는 점 기억하세요.

접속사를 남용하거나 잘못 쓰면 읽기 힘들다

일반적으로 '그래서', '그리고' 등의 순접 접속사는 없어도 되는 경우가 많습니다. 반면 역접 접속사는 문장의 흐름을 바꾸는 역할을 하므로 쉽게 삭제할 수 없습니다. 처음 글을 쓸 때 접속사는 신경 쓰지 말고 쓰세요. 완성된 글을 읽으면서 불필요한 접속사를 삭제하여 매끄러운 문장으로 만들면 되니까요. 사실 접속사를 잘 사용하면 글의 품격이 올라갑니다. 예를 들어 '따라서'는 논리적인 분위기를 연출해 줍니다. 접속사 남용을 피하려고 무턱대고 아무 접속사나 삭제해도 되는 것은 아니랍니다.

KEYWORD → ☑ 공통의 주어

생략할 수 있는 주어도 있다

주어와 서술어의 호응 관계는 아무리 강조해도 모자람이 없다. 하지만 때로는 주어를 생략하는 편이 문장의 리듬을 좋게 만든다.

문장은 주어와 서술어로 이루어진 단문을 기초로 해야 한다고 앞서 설명했습니다. 그런데 주어가 없어도 의미는 통한답니다. 처음부터 화자가 명확할 때는 주어를 생략하는 편이 나은 경우도 있습니다. 이를테면 '저는 아침 7시에 일어납니다. 저의 옆에는 곰 인형이 있습니다. 저는 곰 인형에게 '잘 잤어?'라고 인사합니다. 그리고 저는 방에서 나와 어머니께 아침 인사를 합니다. 저는 오늘도 '열심히 하자'라며 힘을 냅니다'라는 글이 있다고 합시다.

'저는'이라는 주어가 빈번하게 등장하고 '저의'라는 소유격 명사도 살짝 거슬립니다. 불필요한 주어가 글의 리듬을 방해하고 있는 거예요. 이런 불필요한 부분을 생략하면 문장 길이도 짧아지고 리듬이 살아서 문장 연결이 자연스러워집니다. 이처럼 '공통의 주어'가 반복될 때는 일일이 주어를 다 쓰지 말고 생략합시다. 그러면 리듬감 있게 내용을 설명하고 전달할 수 있습니다. 글을 완성한 후에 공통의 주어를 발견했을 때, 그것을 어떻게 처리하고 생략하느냐에 따라서 글이 크게 달라집니다.

KEYWORD → ☑ 지시어

지시어를 자주 쓰지 않는다

글을 쓸 때 같은 단어가 연속되면 미숙한 인상을 준다. 지시어를 사용하면 해결할 수 있지만, 이 또한 여러 번 사용하면 또 다른 문제를 일으킬 수 있다.

'이것', '그것', '저것', '어느', '이는' 등의 지시어는 편리한 표현입니다. 같은 단어나 긴 구절이 이어질 때 '이것', '저것'으로 대용하면 문장이 짧아지고 반복을 피할 수 있지요. 그런데 편리하다고 자주 쓰면 오히려 조잡한 인상을 줄 수도 있습니다. 또한 무엇을 가리키는지 모호할 때는 문장의 의미를 제대로 전달하지 못하지요.

지시어를 남용하지 않는다

문장이 세 개인데 모두 지시어를 넣었군요.

나쁜 문장 예시 1
그것에 따르면 매출은 동북 지역에서 급격하게 상승하고 있습니다. 이에 따라서 향후 동북 지역의 한정품 개발을 추진하고자 합니다. 이는 다른 지역의 한정품 개발을 염두에 둔 계획이기도 합니다.

나쁜 문장 예시 2
업무 문서에 관한 책은 모두 같은 내용이다. 그런 말을 들었다. 이런 이유에서 싼 책을 사려고 이 책을 골랐다.

이 글도 지시어가 세 개예요.

예를 들어 '저희는 그것으로 아무 문제없습니다'라고 말하면, 자세한 사정을 모르는 사람은 무슨 의미인지 알 수 없겠죠. 구체적으로 '저희는 재고품을 모두 처분해도 아무 문제없습니다'라고 표현해야 비로소 이해할 수 있지요. 만일 내용상 앞 문장과 이어져 생략해도 의미가 통하는 경우라면 '제품 불량이 발생하여 모든 재고품을 처분해야 한다는 제안을 받았습니다. 저희도 적극 찬성합니다'라는 문장이 되겠지요. 안이하게 지시어를 남용하지 맙시다.

45

KEYWORD → ✓ 높임말

 높임말에는 여러 가지가 있다

높임말의 적절한 사용은 개인의 품격을 높이고, 사회적 상호작용을 개선하는 데 중요한 역할을 한다.

우리는 보통 높임말로 상대방에게 존중을 표현합니다. 주로 동사와 명사에 적용되며, 여러 가지 형태로 나뉘어 사용됩니다. 먼저, 직접 높임말입니다. '아버님', '어머님', '선생님' 등은 듣는 사람을 직접 높이는 표현입니다. 반면, 간접 높임말은 듣는 사람과 관계가 있는 사람이나 소유물을 높이는 경우로, '진지', '따님', '아드님' 등이 이에 해당합니다. 이러한 간접 높임말은 상대방의 가족이나 소중한 사람을 존중하는 방식으로 사용됩니다.

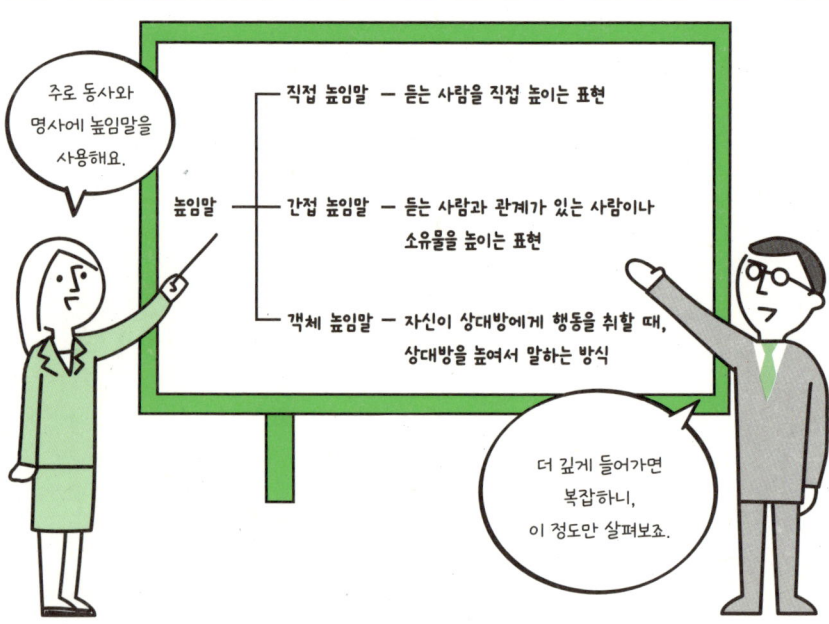

또한 '뵙다', '여쭙다', '드리다'와 같은 서술의 객체를 높이는 말도 있습니다. 이러한 표현은 자신이 상대방에게 행동을 취할 때, 상대방을 높여서 말하는 방식입니다. 높임말은 때때로 자신을 낮추고 상대방을 높이는 표현과 중복되기도 합니다. 예를 들어, '댁에 찾아뵙겠습니다'나 '저희가 부장님께 말씀드리겠습니다'와 같은 표현은 자신을 낮추면서 상대방을 높이는 방식으로 사용됩니다. 높임말을 사용할 때는 상대방과의 관계를 고려해야 합니다. 높은 사람에게 부적절한 표현을 사용할 경우, 상대방의 기분을 상하게 할 수 있으니까요. 존중과 예의를 갖춘 언어 사용이 중요합니다.

KEYWORD → ✓ 적절한 높임말 표현

높임말이 과도하면 무례하다

상대방을 존중하는 표현으로 높임말을 적절히 사용하면 품격 있지만, 높임말을 남발할 경우 오히려 무례해 보인다.

아시다시피 적절하지 않은 높임말은 오히려 상대를 불쾌하게 만들 수 있답니다. 높임말을 한 문장 안에서 여러 번 사용하는 경우와 청자보다 낮은 사람(객체)을 과도하게 높이는 경우가 그렇습니다. 예를 들어 '회장님이 말씀하신 말씀'과 같이 '말하다'와 '말'의 높임말 '말씀하다', '말씀'을 두 번이나 쓰니, 무척 혼란스럽지요. 또는 '고객님, 커피 나오셨습니다', '과장님 댁 강아지가 무척 귀여우세요' 등은 또 어떤가요.

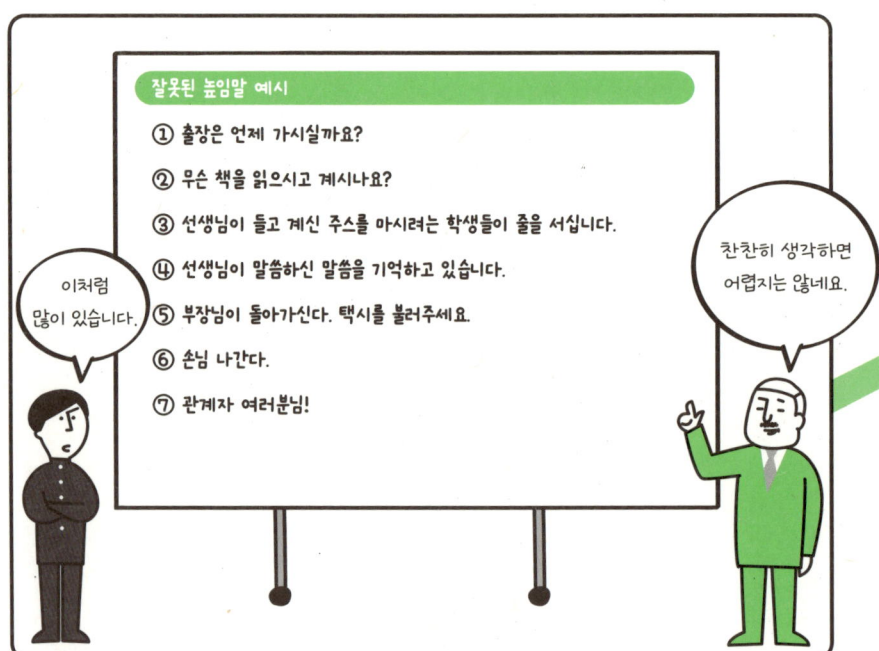

높임말 남발은 혼란을 가져온다

잘못된 높임말 예시
① 출장은 언제 가시실까요?
② 무슨 책을 읽으시고 계시나요?
③ 선생님이 들고 계신 주스를 마시려는 학생들이 줄을 서십니다.
④ 선생님이 말씀하신 말씀을 기억하고 있습니다.
⑤ 부장님이 돌아가신다. 택시를 불러주세요.
⑥ 손님 나간다.
⑦ 관계자 여러분님!

이처럼 많이 있습니다.

찬찬히 생각하면 어렵지는 않네요.

앞서 언급한 문장은 다음과 같이 쓰는 게 올바릅니다. 올바르게는 '회장님이 말씀하신 내용', '고객님, 커피 나왔습니다', '과장님 댁 강아지가 무척 귀엽네요' 이런 사례 말고도 직장에서 자주하는 높임말 실수가 있습니다. 내가 높여야 할 대상이지만 듣는 이가 더 높을 때 그 공대를 줄이는 압존법에 어긋나는 말을 할 때가 많습니다. 청자보다 낮은 직급의 사람을 높이는 것입니다. '사장님, 김 대리님이 전화하셨습니다' 같은 말입니다. '사장님, 김 대리 전화입니다' 정도가 좋겠지요.

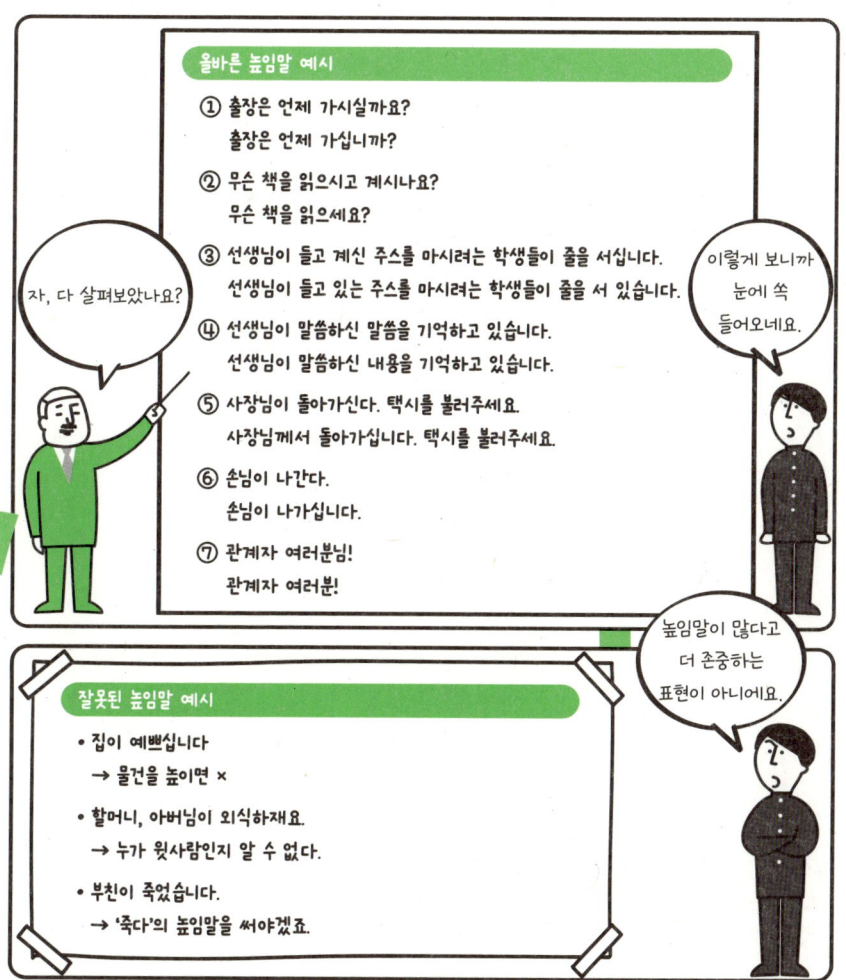

올바른 높임말 예시

① 출장은 언제 가시실까요?
　출장은 언제 가십니까?

② 무슨 책을 읽으시고 계시나요?
　무슨 책을 읽으세요?

③ 선생님이 들고 계신 주스를 마시려는 학생들이 줄을 서십니다.
　선생님이 들고 있는 주스를 마시려는 학생들이 줄을 서 있습니다.

④ 선생님이 말씀하신 말씀을 기억하고 있습니다.
　선생님이 말씀하신 내용을 기억하고 있습니다.

⑤ 사장님이 돌아가신다. 택시를 불러주세요.
　사장님께서 돌아가십니다. 택시를 불러주세요.

⑥ 손님이 나간다.
　손님이 나가십니다.

⑦ 관계자 여러분님!
　관계자 여러분!

(말풍선) 자, 다 살펴보았나요?
(말풍선) 이렇게 보니까 눈에 쏙 들어오네요.

잘못된 높임말 예시

• 집이 예쁘십니다
　→ 물건을 높이면 ×

• 할머니, 아버님이 외식하재요.
　→ 누가 윗사람인지 알 수 없다.

• 부친이 죽었습니다.
　→ '죽다'의 높임말을 써야겠죠.

(말풍선) 높임말이 많다고 더 존중하는 표현이 아니에요.

KEYWORD → ✓ 높임말의 단계

 # 높임말을 사용하지 않을 때도 있다

보고서와 같은 업무 문서에서는 때때로 높임말을 사용하지 않는 게 좋다. 정보 전달이 필수인 학술 리포트나 논문에서도 마찬가지다.

높임말은 상대방에 대한 존중을 표현합니다. 서로 주고받는 편지나 메일 등에서는 반드시 올바른 높임말을 사용해야 합니다. 그런데 글을 쓴 사람과 읽는 사람의 관계가 중요하지 않을 때는 높임말을 생략하는 편이 나은 경우가 많습니다. 예를 들자면 각종 사무 처리를 위한 업무 문서나 기획서, 보고서 등 일련의 사내 문서 같은 경우입니다. 사용자나 읽는 사람을 일일이 의식해서 높임말을 사용하면 오히려 장황한 인상을 줄 수 있기 때문입니다.

높임말은 상대방을 고려한다

사내 기획서나 보고서 등은 하십시오체 '…입니다', '…십니다'가 아니라 '…이다' 등으로 통일하는 것이 좋습니다. 가령 '신제품을 제안하시겠습니다. 여름에 딱 좋은 디저트가 되시겠습니다. 상온에서도 녹지 않는 아이스크림을 크레이프 시트지 사이에 넣어서 냉장한 제품으로, 아이스크림과 크레이프의 조합을 즐기실 수 있는 귀한 제품이십니다'와 같은 문장은 어떤가요? 어색함을 넘어서 이상하게 느껴지지 않나요? 그리고 높임말을 사용해야 하는 편지에서는 받는 사람에 따라서 높임말 단계도 달라야 합니다. 이 역시 잘 기억하길 바랍니다.

2 문장을 간소화한다

KEYWORD → ✓ 유의어 반복

 반복적인 표현은 좋지 않다

좋은 문장을 쓰려면, 무심코 사용하게 되는 중복 표현을 경계해야 한다.

유의어 반복은 비슷한 의미를 가진 단어나 구를 반복하여 사용하는 표현 방식입니다. 이는 중언 표현의 일종으로, 의미가 중복되어 불필요하게 길거나 어색한 문장을 만들 수 있습니다. 자신도 모르는 사이에 무심코 사용하는 경우가 많으니 주의하길 바랍니다. 이를테면 '두통으로 머리가 아프다', '미리 사전 준비하다', '말에서 낙마했다', '과반수를 넘는다'와 같은 표현이 그렇습니다.

까다로운 문장에 주의한다

나쁜 문장의 사례

1. 득표는 과반수를 넘었다.
2. 그에게 명확하게 명언했다.
3. 티켓을 미리 예약한다.
4. 1지망 회사로부터 내정이 정해졌다.
5. 감독은 결정타인 비장의 카드를 낼 각오다.
6. 판촉 활동에 최후의 마지막 몰아붙이기를 하다.
7. 막 발매된 차에 승차하다.
8. 그 표현에는 이질감을 느꼈다.
9. 나는 요통으로 고민하는 친구를 위해서 요통 약을 준비했다.

사람들은 신중해지고 싶은가 봅니다.

강조하고 싶기도 할 거예요.

이런 표현은 '두통이다', '준비하다', '낙마했다', '과반수에 달한다'라고 쓰면 됩니다. 단순한 문장이라면 잘못된 부분을 금세 알아차릴 수 있겠죠. 긴 문장을 쓸 때 특히 유념하면 좋습니다. 그런데 유의어 반복은 보통 유형이 있어서 바꾸어 쓸 수 있는 표현을 알아두면 잊어버리지 않습니다. 숙어 등에 포함된 주어와 동사를 주시하면서 평소에 올바른 단어 사용을 익혀보세요.

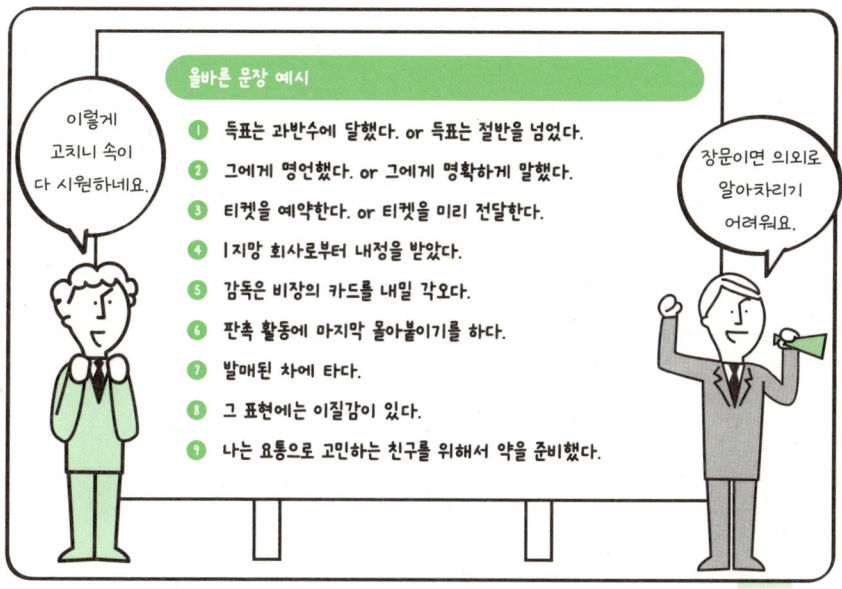

KEYWORD → ✓ 비유

비유와 예화의 장점

더욱 풍부한 문장 표현을 위해서 비유나 예화를 활용하면 다양한 효과를 기대할 수 있다.

비유란 '표현하려는 대상을 다른 대상에 빗대어 나타내는 것'을 말합니다. 비유와 예화를 적재적소에 잘 활용하면 좋은 글을 위한 큰 무기가 될 수 있습니다. 가령 맛집을 소개하는 TV 프로그램을 떠올려 보세요. 게스트로 등장한 연예인 중에 좋은 비유로 음식 맛을 맛깔나게 표현하는 사람이 있지요. 음식 맛을 적절하게 잘 전달하는 것은 물론 재미까지 더해져 시청자의 이목을 확 사로잡습니다. 이처럼 비유는 많은 장점이 있는데요. 크게 다음의 네 가지를 들 수 있습니다.

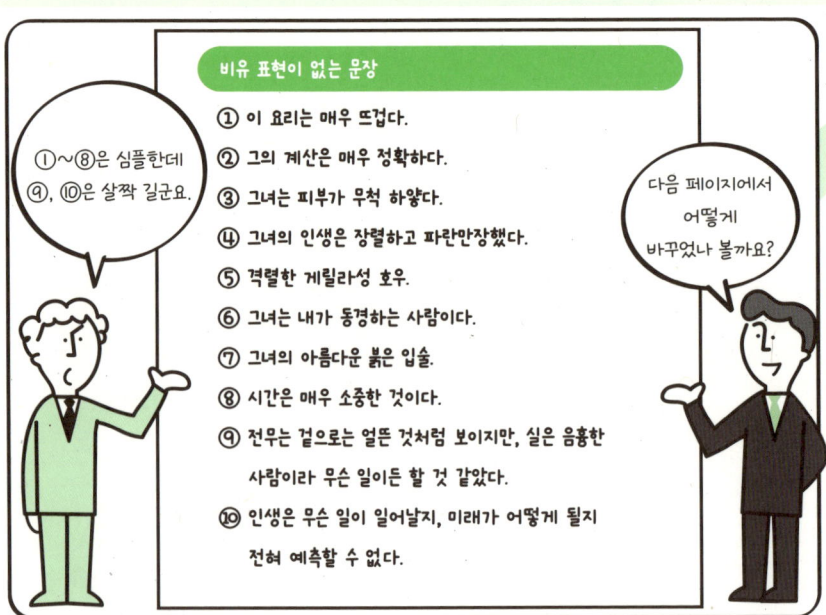

첫 번째는 문장을 짧게 줄일 수 있다는 겁니다. 장문으로 설명해야 하는 것도 비유를 활용하면 단어 하나로 설명할 수 있지요. 즉 '문장의 군더더기'를 덜어내는 데 편리합니다. 두 번째는 난해하고 복잡한 내용을 간결하게 설명할 수 있습니다. 난해한 수식어로 꾸민 표현도 주변 사물을 예로 들면 이해하기 쉬워집니다. 세 번째는 읽는 사람이 머릿속에 이미지를 그리기 쉽다는 점입니다. 예를 들어 '세로 91밀리미터, 가로 55밀리미터 정도의 크기'라고 표현하는 것보다 '명함 정도의 크기'라고 표현하는 편이 훨씬 더 이해하기 쉽습니다. 마지막 네 번째는 비유를 통해서 이미지를 강조할 수 있다는 점입니다. 이를테면 '붉은 입술'보다 '장미꽃 같은 입술'이 보다 강렬한 인상을 줍니다.

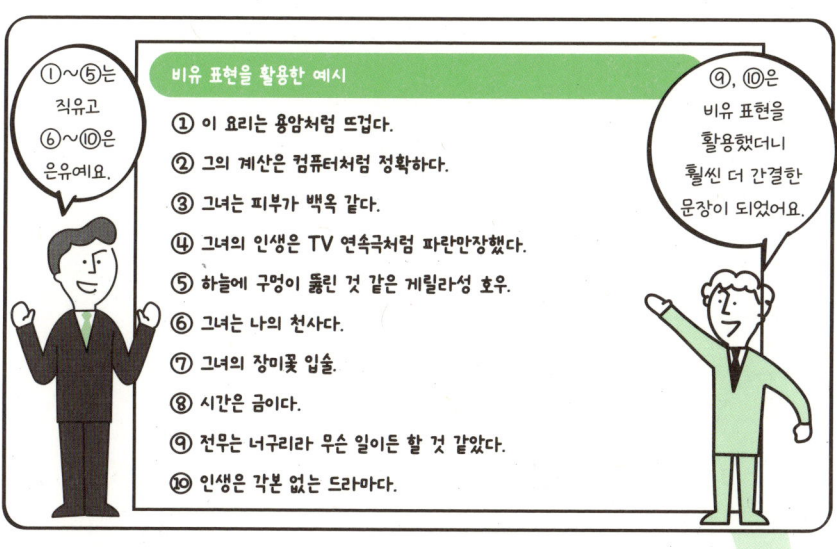

KEYWORD → ✓ 직유와 은유

15 비유의 종류를 기억한다

비유법에는 직유법, 은유법, 의인법, 의성법, 의태법 등 여러 가지 종류가 있다. 여기서는 직유법, 은유법, 의인법을 살펴보겠다.

비유 표현에서 가장 활용하기 쉬운 것이 직유법입니다. 직유법은 '…같이', '…처럼' 혹은 '마치 …와 같다'를 붙여서 표현하는 방법입니다. 가령 '마음이 깨끗하게 정화되는 것 같은 경치', '이 아로마 오일을 사용하면 마치 산속에 있는 것처럼 느껴진다' 등입니다.

은유법은 '…같이', '…처럼' 같은 연결어가 없고 'A는 B다' 같이 단정적인 어조로 표현합니다. 예를 들면 '사랑은 맹목적이다', '그녀는 나의 천사다' 등입니다. 사실 '사람'과 '맹목'은 '='로 연결할 수 없고 '그녀'도 '천사'가 아닙니다. 그런데 '='로 연결하여 단정적으로 표현해서 직유법보다 예리하고 강한 인상을

다양한 비유 표현

에둘러 표현한 문장도 많군요.

비유 표현이 없는 문장 예시

① 마음이 섬세한 청년.
② 좋은 일이 전혀 없는 상황에서 생긴 좋은 사건.
③ 그는 매우 차가운 인간이다.
④ 세월이 매우 빠르게 지나간다.
⑤ 보잘것없는 우리 회사에 그녀는 특별한 존재다.
⑥ 새로운 사장은 상대나 정세에 따라서 시시각각 태도를 바꾸는 사람이다.
⑦ 그는 자유를 빼앗겨서 옴짝달싹 못 하는 상태다.
⑧ 어차피 그녀는 나에게 가까이할 수 없는 존재다.
⑨ 비가 내리고 있다.
⑩ 집필 상태가 좋아서 단시간에 원고를 마쳤다.

자, 비유 표현으로 바꿔 봅시다.

줍니다. 은유법은 정확하게 잘 사용하면 문장의 격을 높여줍니다. 다만 공통점이 형성되지 않은 표현으로는 의미가 전달되지 않으니 주의해야 합니다. 일단 처음에는 직유법으로 써보고 '…같이'를 생략할 수 있는 경우라면 은유법으로 바꿔보세요.

마지막으로 의인법은 사람이 아닌 사물을 사람에 빗대어 표현하는 방법입니다. 예를 들면 '작은 새가 운다'를 '작은 새가 노래한다'로 표현하는 것인데 어떤 현상을 보다 실감 나고 생생하게 전달할 수 있습니다.

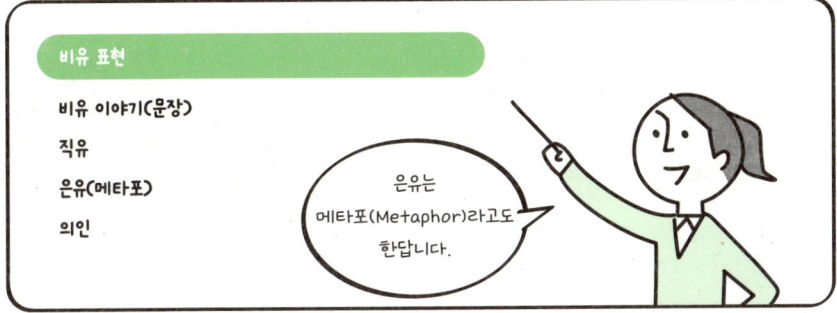

KEYWORD → ✓ 단어, 표현의 반복

 동일한 표현을 반복하지 마라

짧은 문장 안에서 같은 단어와 표현이 여러 번 반복되면 장황하게 느껴진다.
중복되는 말은 다른 표현으로 바꾸는 것이 좋다.

글을 읽는데 짧은 단락 안에서 같은 단어나 표현이 여러 번 반복되면 읽기 지루하고 답답합니다. 문장이 어설프게 느껴지기도 하고요. 예를 들어 초등학생이 쓴 '어제 아빠와 함께 놀이동산에 갔다. 놀이동산에는 사람이 많아서 아빠 손을 잡고 많은 놀이기구를 탔다. 놀이동산의 놀이기구는 다 재미있었고 나도 아빠도 놀이기구를 타고 나면 크게 웃었다'라는 글이 있다고 합시다.

같은 단어, 표현의 중복을 생략해서 깔끔한 문장으로 만든다

100자 안팎의 글에서 '아빠'와 '놀이동산', '놀이기구'가 세 번씩 반복되고 있는데요. 이를 '어제 아빠와 함께 놀이동산에 갔다. 그곳에는 사람이 많아서 아빠 손을 잡고 놀이기구를 탔다. 다 재미있어서 타고 난 후에는 둘이서 크게 웃었다'로 수정하면 중복이 거의 없는 간결한 글로 만들 수 있습니다. 생략할 수 있는 곳은 생략하고 에둘러 표현한 곳은 더욱 간결한 표현으로 바꾸어 보세요. 이런 문장 테크닉을 익혀두면 어설픈 글에서 벗어날 수 있습니다.

KEYWORD → ☑ 내용 중복

 # 내용 중복에 주의한다

단어가 중복되는 건 잘 발견해도 내용이 중복되는 것은 놓치기 쉽다. 내용이 중복되면 글의 긴장감을 떨어지고 중요한 의미를 넣을 여유가 없어진다.

단어의 중복은 글을 다 쓴 후에 읽어보면 금방 알아차릴 수 있습니다. 하지만 내용(의미)이 중복되는 것은 집중해서 읽지 않으면 알아차리기 어렵습니다. 예를 들어 '시내의 큰 거리에서 자동차와 자동차가 충돌하는 사고가 일어났다. 그 사고로 경차에 타고 있던 여성과 반대편 차선을 달리던 일반 차량에 타고 있던 남성이 부상을 입었다. 남성은 차량끼리의 충돌 사고인 만큼 피할 수 없었다고 주장했다. 여성은 반대편 차선에서 오는 차였던 만큼 충돌 사고는 피할 수 없었다고 주장했다'라는 글이 있다고 합시다.

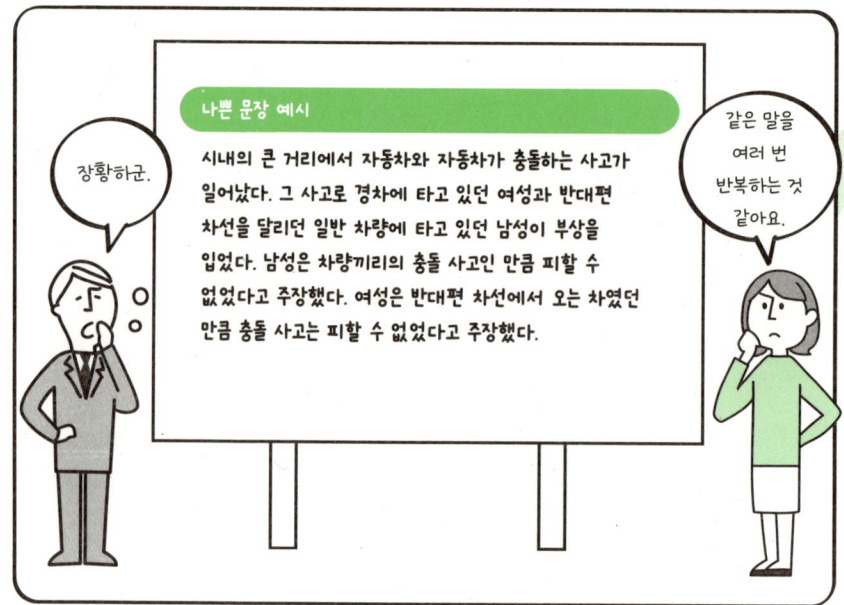

내용은 물론 단어도 몇 군데 중복되었는데요. 대충 눈으로 읽으면 내용 중복은 알아차리지 못하고 지나칠 가능성이 높습니다. 이를 수정하면 '시내의 큰 거리에서 자동차 충돌 사고가 일어났다. 이 사고로 경차를 운전하던 여성과 일반 차량을 운전하던 남성이 부상을 입었다. 남성의 차량은 반대편 차선을 걸쳐서 달렸던 것으로 보이며 두 운전자 모두 사고는 불가피했다고 주장하고 있다'가 될 것입니다. 내용이나 의미가 중복된 부분을 삭제하면 글의 길이가 확연히 짧아지고 내용도 알기 쉬워집니다.

자주 실수하게 되는 높임말

"고객님, 주문하신 커피 나오셨습니다."

이 말을 들으면 어떤 생각이 드나요? 나를 매우 존중해 주니 기분이 좋은가요?

"만오천 원이십니다."

이 말은 어떤가요? 우리는 일상적으로 이런 말들을 많이 듣고 사용합니다. 물론 높여야 할 대상과 관련된 사물, 또는 신체, 성품, 심리, 행위, 소지품 등 상대와 밀접한 관련이 있는 대상을 높일 수 있습니다. 하지만 과도하게 주체 존대어 선어말 어미 '-시-'를 붙여서 말을 하거나 글을 쓰면 듣고 보는 사람이 혼란스러울 수 있으니 주의가 필요합니다. 다음 예시를 보고 언어 습관을 점검해 보세요.

① 손님, 주문하신 커피 나오셨습니다.
→ 손님, 주문하신 커피 나왔습니다.

② ○○ 씨는 회의실에 자료를 가져다주시러 가셨습니다.
→ ○○ 씨는 회의실에 자료를 가져다주러 갔습니다.

③ 내가 보기에 네가 잘못한 거 같으시다.
→ 내가 보기에 네가 잘못한 거 같다.

④ 오늘 발주하면 그 제품은 할인 들어가세요.
  → 오늘 발주하시면 그 제품은 할인 들어갑니다.

⑤ 이 부분은 저희 쪽 잘못이 아니세요.
  → 이 부분은 저희 쪽 잘못이 아닙니다.

⑥ 이 보험은 입원비만 보장해 드리는 것이 아니십니다.
  → 이 보험은 입원비만 보장하지 않습니다.

⑦ 여기서 이렇게 소리 지르시면 안 되십니다.
  → 여기서 이렇게 소리 지르면 안 됩니다.

⑧ ○○ 대리가 돈이 많이 필요하신 걸로 보입니다.
  → ○○ 대리가 돈이 많이 필요한 걸로 보입니다.

⑨ 할아버지의 손이 떨리셨다.
  → 할아버지는 손이 떨리셨다.

⑩ 그 분의 눈이 맑으시고 크시다.
  → 그 분은 눈이 맑고 크시다.

⑪ 제가 아시는 분이 오신다고 합니다.
  → 제가 아는 분이 오신다고 합니다.

⑫ 어머니를 데리고 병원에 가시는 길이세요?
  → 어머니를 모시고 병원에 가는 길이에요?

Chapter 3

문장 내용을 정리하기 위한 논리적 사고

읽기 편하고 이해하기 쉬운 문장은 문장 구조가 튼실합니다.
문장 내용을 정리하기 위한 논리적 사고를 기릅시다.

KEYWORD → ✓ 읽는 사람(독자)

 글의 용도와 읽는 사람을 의식한다

누구를 위해서 글은 쓰는지가 중요하다. 일기 같은 나만 보면 되는 글이 아니라면 읽는 이를 위한 배려가 필요하다.

글은 누가 읽을 것이고 어떤 용도로 사용할 것이냐에 따라서 그 성격이 달라집니다. 읽는 사람이 자신 이외에 다른 사람도 있다면 글의 내용이 잘 전달될 수 있도록 배려하면서 써야 합니다. 가령 업무 문서의 경우 자신이 소속된 업계 사람들만 읽는다면 난해한 전문 용어를 써도 굳이 설명할 필요가 없습니다. 하지만 업계에 소속되지 않은 일반인을 대상으로 한다면 전문 용어를 설명하는 배려가 필요하겠지요? 만일 그런 배려가 없다면 읽는 사람은 내용을 이해할 수 없습니다. 또한 읽는 사람에 따라서 글에 인용하는 구체적인 예시도 달라집니다.

글쓰기 방법 차트

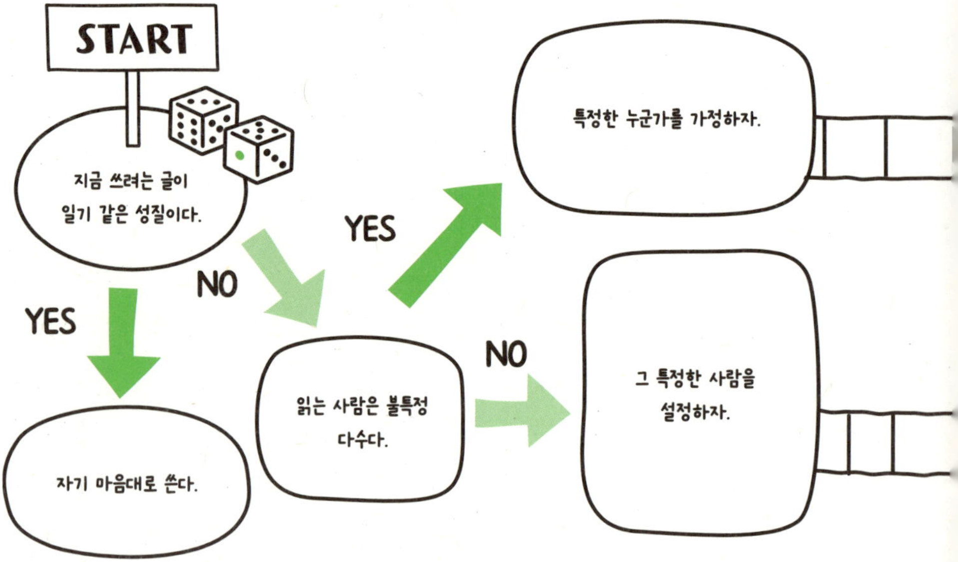

START

지금 쓰려는 글이 일기 같은 성질이다.
- YES → 자기 마음대로 쓴다.
- NO → 읽는 사람은 불특정 다수다.
  - YES → 특정한 누군가를 가정하자.
  - NO → 그 특정한 사람을 설정하자.

읽는 사람을 되도록 상세하게 설정하는 것이 바람직합니다. 불특정 다수를 대상으로 한 글이라도 특정한 누군가를 가상으로 설정하는 편이 쓰기도 쉽고 글의 내용도 잘 전달됩니다. 대상 범위가 넓으면 설명이나 주석이 많아져 글의 전체적인 구조가 느슨해질 수도 있습니다. 나이, 성별, 업종 등 특정한 누군가를 설정해 보세요. 가령 사업하는 사람을 대상으로 한다면 업무 담당자 등 특정한 누군가를 가정한 후 그 사람이 만족할 만한 내용의 글을 쓰는 겁니다. 이렇게 하면 읽는 사람이 읽기 편하고 공감할 수 있는 글을 쓸 수 있습니다.

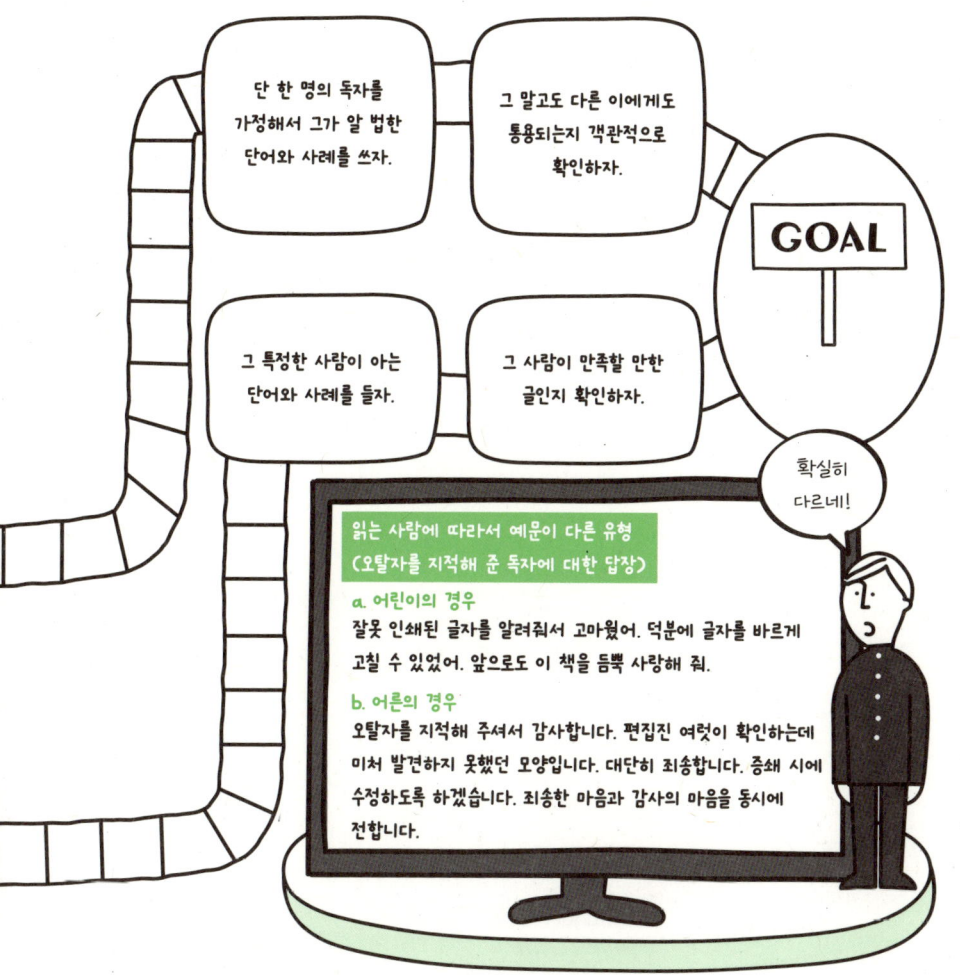

KEYWORD → ✓ 비즈니스 메일, 채팅

글의 용도와 읽는 사람 ①
비즈니스 메일 & 채팅

재택근무가 활성화되면서 이메일과 채팅으로 일하는 사람들이 많아졌다.
읽기 편하고 알기 쉬운 문장으로 소통하는 글쓰기에 대해 알아본다.

채팅은 거의 실시간으로 이루어지는 대화 방식이라 그다지 격식을 따지지 않는 편이죠. 가령 'OO부 OO과 OO입니다'라는 자기소개는 불필요하고 '수고하셨습니다'와 같은 인사말도 생략하는 기업이 많습니다. 그런데 업무 메일에서는 기재해야 합니다. 업무 문서와 채팅의 공통점은 서두에 결론부터 제시하는 것입니다. 중요한 안건을 가장 먼저 쓰는 거죠. 그다음에 결론을 뒷받침하는 이유나 근거를 쓴 후에 구체적인 사례와 보완 상항을 기재합니다.

업무상 채팅 사용법

바로 결론을 알 수 있는 내용으로 바꿉시다.

이름과 인사말을 넣고 싶다면 짧게!

2023년 3월 2일

야마다 다로 10:05

수고 많으십니다. 개발부의 야마다 다로입니다. 하카타역 주변의 임대 빌딩 출점 상황에 관한 조사 말인데요. 부서 회의 결과, 현지 조사가 필요하다는 결론이 나왔습니다.
이번 달 하순에 현지 출장이 결정되었습니다.

하루카와 나쓰코 10:10

하카타 출장이군요. 알겠습니다.
일정은 언제 정해지나요?

채팅에서는 상대방의 질문이나 의견이 중간에 끼어들기도 하는데, 업무 문서에서의 '언제입니까?'라는 질문에는 '○월, ○일, ○시'로 정확하게 답해야 합니다. 또한 주어와 서술어 사이의 거리가 가까워야 하며, 수식어와 피수식어의 거리도 되도록 가까이 배치해야, 상대가 요지를 파악하기 쉽습니다. 의뢰나 부탁을 하는 업무 문서는 그 이유를 표시합니다. 예를 들면 '○○이므로 내일 오후 1시까지 보고서를 제출해 주세요'와 같이 말입니다. 또한 명령조를 피하고 '…해 주겠습니까?' 등 청유형으로 바꾸어 표현하는 요령이 필요합니다.

KEYWORD → ✓ 기획서

글의 용도와 읽는 사람 ②
기획서

비즈니스에서 기획서 작성은 반드시 경험하게 되는 과정이다. 단순히 막연하게 작성하지 말고, 기획이 실현될 수 있도록 체계적으로 준비해야 한다.

'보도 자료 형식'의 기획서에 대해 말해보겠습니다. 이 방식은 가장 처음에 목표를 제시하여, 목표 이미지를 곧바로 보여주므로 결정권자가 이해하기 쉽습니다. 이러한 기획서는 큰 중심 제목인 헤드라인과 결정권자에게 어떤 이점이 있는지를 정리한 서브 헤드라인으로 구성됩니다. 그리고 기획 상품의 개요, 이점, 해결 과제 등을 단락으로 나누어 씁니다. 기획자의 바람이나 내부 사정을 배제한 이용자 위주의 정보를 우선합니다.

보도 형식의 기획서 작성법

헤드라인
기획에 관한 짧은 설명문.

서브 헤드라인
기획이 실현되면 누가 어떤 이점을 얻을 수 있는지를 쓴다.

상품 개요 및 이점
처음부터 기획 내용을 밝히고 상품이나 서비스 개요에 대해서 개조식 문장으로 쓴다.

그리고 또 있어요.

만일 여유가 있다면 마지막에 기획자의 개인적인 생각을 덧붙이는 것도 좋습니다. 주로 보도 자료 형식의 기획서는 외부에서 바라본 관점을 중심에 두기 때문에 결정권자는 더 현실적으로 기획을 검토하고 고려할 수 있습니다. A4 용지 한 장 분량으로 작성하되 보도 자료 형식의 딱딱한 문체에 맞출 필요는 없습니다. 통상적인 기획서 형식에 맞춰도 상관없습니다. 다만 보도 자료 형식의 기획서를 작성했다면 다른 A4 용지 한 장에는 자주 하는 질문에 관한 답변을 적어보세요. 이를 준비해 두면 기획서를 읽은 사람의 질문이나 의문점을 더욱 빠르게 해소할 수 있습니다.

KEYWORD → ✓ 프레젠테이션 자료

04 글의 용도와 읽는 사람 ③ 프레젠테이션 자료

프레젠테이션 자료는 특수한 글이다. 독자(참석자)가 현장에서 발표자의 설명을 들으면서 동시에 보게 되는 자료라는 점을 감안해서 작성한다.

프레젠테이션 자료는 발표자가 전달하고자 하는 바를 참석자가 한눈에 알아보게 쓰는 것이 가장 중요합니다. 그런데 프레젠테이션 슬라이드 한 장에 글자가 빼곡히 들어찬 경우가 심심치 않게 많습니다. 또 문장과 그림, 그래프, 표 등을 많이 넣으면 참석자는 자료를 읽느라 정신이 없어 발표자의 이야기를 충분히 들을 수 없습니다. 이를 방지하려면 발표자는 자신이 전달하고자 하는 바를 간결한 문장으로 작성하는 것이 좋습니다. 보통 직감적으로 지각할 수 있는 문자의 수는 13자 이내라고 합니다. 되도록 13자 이내로 내용을 축약하여 문장을 만드는 게 좋습니다. 프레젠테이션 자료는 정확한 문법보다 참석자에게 강한 인상을 심어주는 것이 더 중요합니다.

프레젠테이션 자료 작성법

① 도입(과제)
참석자가 공감할 수 있는 것을 쓰세요. 질문 형식도 OK!

② 원인
그런 과제가 생긴 원인은 무엇인가요?

③ 제안(해결책)
고객이 상품이나 서비스를 구매해서 얻을 수 있는 이점입니다.

프레젠테이션 슬라이드 한 장에 들어갈 문자의 수도 105자 이내로 작성합시다. 글자 수가 이보다 많아지면 참석자가 읽을 확률이 현저히 떨어집니다. 지하철 안에 걸린 잡지 광고를 한번 떠올려 보세요. 13자 이내의 큰 글자로 적힌 광고가 대부분일 것입니다. 또한 주어와 서술어의 관계도 크게 신경 쓰지 않았을 것입니다. 광고에 필요한 단어가 오해 없이 나열되기만 하면 그만이기 때문이지요. 프레젠테이션 자료는 과제, 원인, 해결책, 효과순으로 작성하여 설명하는 것이 가장 좋습니다. 자연스럽게 이어지면 실제로 발표할 때의 시간도 단축할 수 있겠지요.

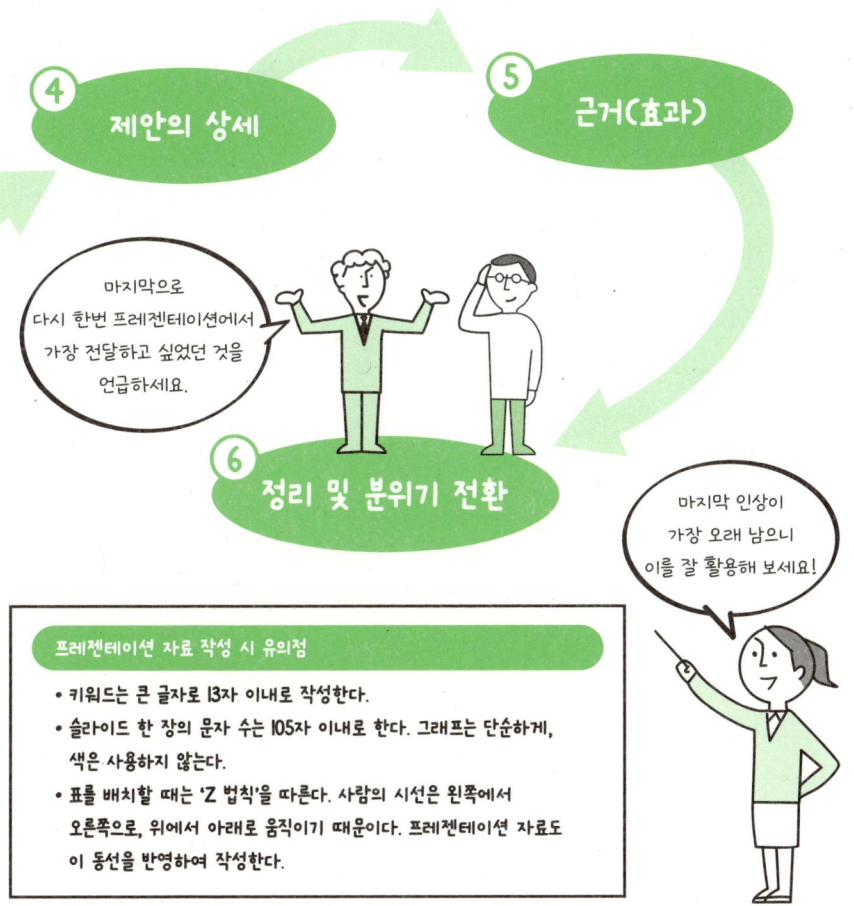

프레젠테이션 자료 작성 시 유의점

- 키워드는 큰 글자로 13자 이내로 작성한다.
- 슬라이드 한 장의 문자 수는 105자 이내로 한다. 그래프는 단순하게, 색은 사용하지 않는다.
- 표를 배치할 때는 'Z 법칙'을 따른다. 사람의 시선은 왼쪽에서 오른쪽으로, 위에서 아래로 움직이기 때문이다. 프레젠테이션 자료도 이 동선을 반영하여 작성한다.

KEYWORD → ✓ 소셜 네트워크

글의 용도와 읽는 사람 ④
소셜 네트워크

기업이 광고로 많이 활용하는 소셜 네트워크에도 특화된 글쓰기가 필요하다.

지금은 소셜 네트워크SNS가 매우 다양해졌습니다. 트위터, 페이스북, 인스타그램, 틱톡, 유튜브 같은 SNS를 광고의 매체로 활용하는 기업이 늘고 있지요. 그중에서도 매장이나 상품 검색에 자주 사용되며 기업 광고에 활용하기 쉬운 인스타그램에 대해서 살펴보겠습니다. 매장 운영이나 상품 판매 종사자가 인스타그램을 활용하여 광고할 때 사진과 함께 실제 사용자가 원하는 정보를 얼마나 정확한 검색 키워드를 넣어서 게시하느냐에 따라서 신규 팔로워의 수가 좌우됩니다.

인스타그램 등 SNS 활용법

보통 인스타그램이라고 하면 주로 사진이 떠오르는데요. 캡션으로 상품을 묘사하여 사용자에게 상세한 정보를 전달할 수 있습니다. 인스타그램을 활용한 기업 광고의 주요 포인트는 ① 요점을 가장 먼저 쓴다 ② 사진 설명을 한다 ③ 사용자에게 도움이 될 만한 정보를 2,200자까지 쓰고 팔로워나 사용자가 검색할 만한 키워드를 넣는다 ④ 이용자 간의 활발한 교류를 촉진하는 코멘트를 넣는다 ⑤ 되도록 성격이 다른 해시태그(#)를 넣어서 다양한 방면에서 검색될 수 있게 한다 등 다섯 가지입니다.

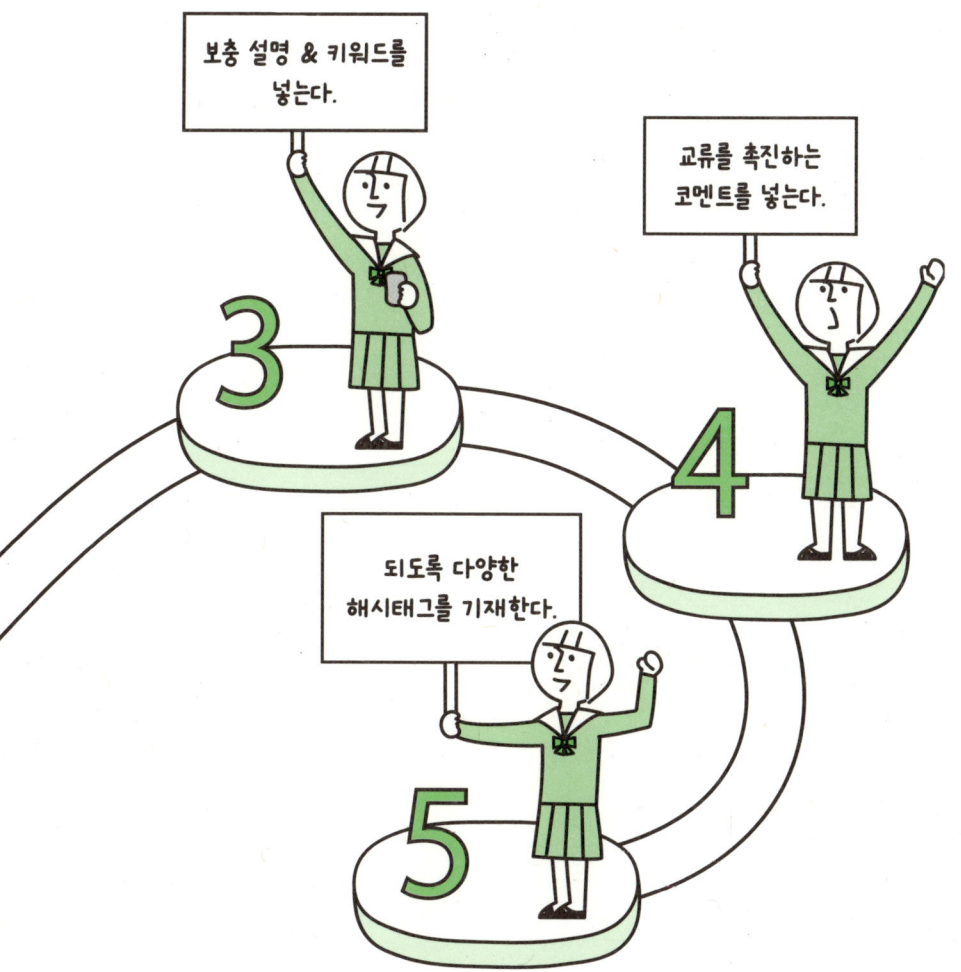

KEYWORD → ☑ 자기소개서

글의 용도와 읽는 사람 ⑤ 자기소개서

취직이나 이직을 위한 자기소개서를 작성할 때도 형식이 있다. 자기소개서는 자신의 얼굴과도 같기에 특히 신경 써서 작성하는 것이 좋다.

보통 이직할 때 직무 경력과 자기소개, 지원 동기 등을 적은 지원서를 회사에 제출합니다. 지원 동기에는 '왜 당사를 선택했는지'와 자신이 입사하면 '무엇을 할 수 있는지'에 대해서 씁니다. 한편 직무 경력을 작성하는 방법은 다양한데, 일반적으로 시간 순서대로 어떤 직장에서 어떤 부서에 소속되어 어떤 업무를 맡았는지를 씁니다. 이때 특히 자랑하고 싶은 자신의 성과나 실적을 앞부분에 넣어도 좋고 나중에 써도 괜찮습니다. 다만 성과나 실적을 언급하고 싶을 때는 자신이 담당했던 '○○제품이 업계 점유율 38%로 1위를 기록했다' 등 구체적인 숫자를 명시해야 설득력을 얻을 수 있습니다.

서류 심사에서 주목받는 문서 작성법

지원서를 낼 때 중요한 것은 '직무 이력', '자기소개', '지원 동기'입니다.

직무 경력
- 번호를 매겨서 업무 내용을 알기 쉽게 적는다.
- 관심을 끌 만한 성과나 행동은 구체적으로 적는다.
- 실적이나 인원수 등은 반드시 숫자로 적는다.

읽는 사람에게 내 강점이 잘 전달되도록 구체적으로 쓰세요.

자기소개서는 직무 경력의 실적을 바탕으로 씁니다. 읽는 이의 관심을 끌 수 있는 것을 세 가지 정도로 나누어 제목을 붙이고 150~200자 정도로 작성합니다. 예를 들어 영업직을 지원하는 경우라면 업무 수행 능력, 교섭 능력, 관리 능력으로 나눕니다. 이때 20대라면 앞의 하나 또는 두 가지 능력까지만 작성해도 괜찮지만 40대라면 관리 능력까지 넣어야 합니다. 이들 세 가지를 잘 작성하면 좋은 결과를 얻을 수 있을 것입니다.

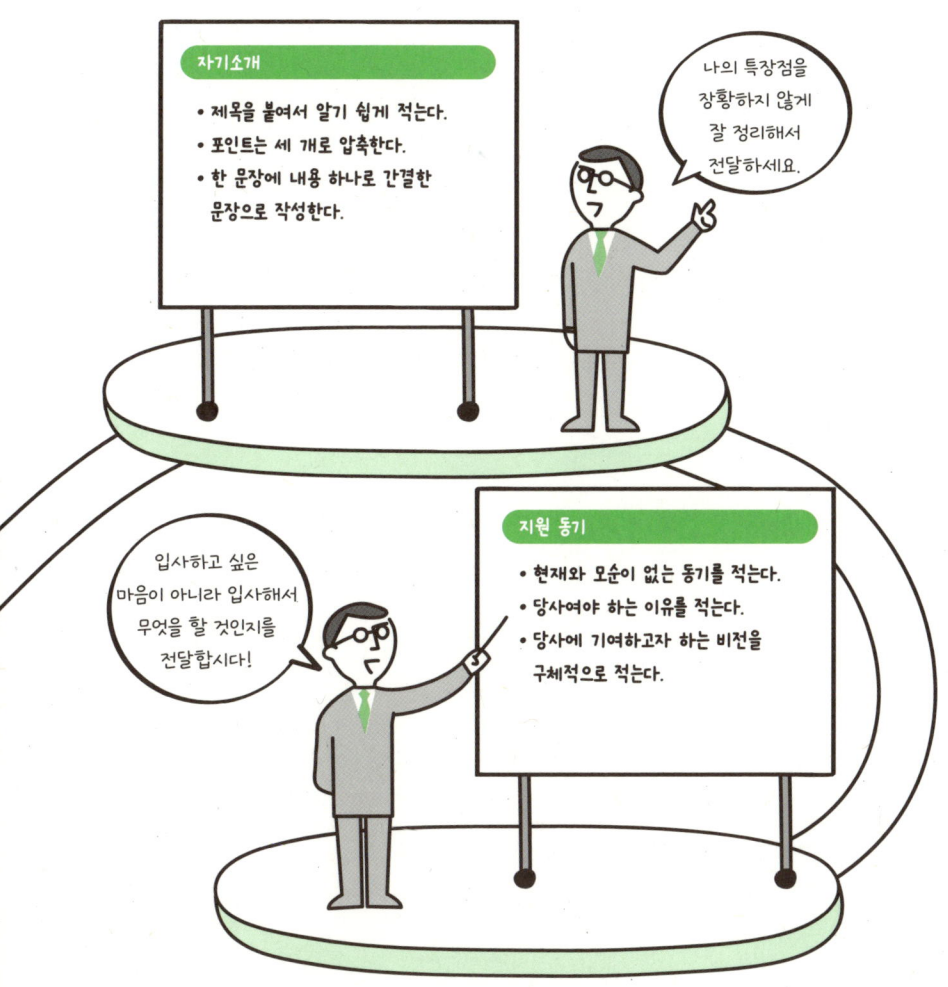

KEYWORD → ✓ 주제

글쓴이가 주제를 충분히 이해해야 한다

글을 쓰는 최종 목표가 무엇인지 내가 먼저 파악해야 한다. 즉 글의 주제를 충분히 이해하고 있어야 배가 산으로 가지 않는다.

목적이 명확하지 않으면 다른 사람에게 자기 생각이나 정보를 제대로 전달할 수 없습니다. 글이나 메일을 통해서 정보를 전달하고자 한다면 글의 최종 목표와 주제를 충분히 이해하고 있어야 합니다. 어떤 상품을 소개한다면, 첫 번째 소주제는 상품 사이즈, 특징, 외형, 발매일 등 상품 자체에 대한 기본적인 소개입니다. 두 번째 소주제는 소비자의 관심을 끌기 위한 신제품 발표회나 품평회, 이벤트 등에 관한 정보입니다. 상품을 직접 체험해 보는 기회나 상품 후원 등의 정보를 소개합니다. 그리고 글을 쓴 목적이 회사 매출을 올리는 것이므로, 세 번째 소주제는 소비자에게 좋은 상품임을 인지시키고 구매를 유도하는 것입니다.

글의 주제를 명확히 한다

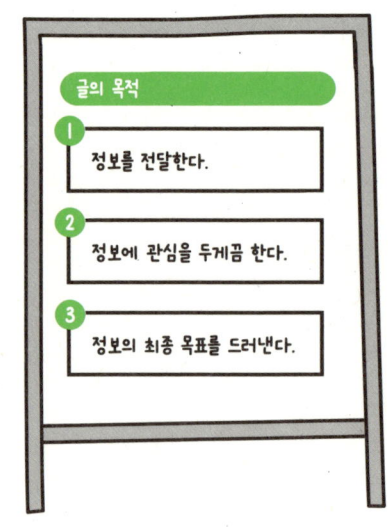

이처럼 글을 쓸 때는 네비게이션에 목적지를 표시하고 출발하는 것과 마찬가지로 글의 최종 목표와 주제를 명확히 해야 합니다. 목적지가 불명확한 여행은 도중에 길을 헤맬 수 있고, 지름길도 알 수 없지요. 반드시 주제를 확인하면서 글을 쓰세요.

KEYWORD → ✓ 결론 먼저!

08 결론부터 언급한다

글을 읽는 사람이 지루하지 않도록, 더불어 다 읽기 전에 관심을 잃지 않도록 결론부터 전달하는 것이 효율적이다.

읽는 사람에 따라서 글의 구성 형식이 달라지는데 업무 문서나 실용문에서는 결론부터 먼저 언급하는 '앤서 퍼스트Answer First 형식'이 원칙입니다. 후반부로 갈수록 중요도가 낮아지는 역삼각형의 구도를 말합니다. 업무 문서에서 하나에서 열 가지의 정보를 1에서부터 제시하고 조금씩 쌓아 올라가는 구도는 좋지 않습니다. 읽는 사람에게 요점이 전달될 때까지 시간이 걸리는 데다 도중에 흥미를 잃을 수도 있기 때문이죠. 맨 뒤에 참고 문헌이나 자료, 비고가 첨부된 업무 문서를 읽었던 적이 있지 않나요? 바로 이러한 이유입니다.

결론을 가장 먼저 언급한다

- 선배님, 일 좀 부탁해도 될까요?
- 뭐라는 거야?
- 그, 그게, 오늘은 일찍 나왔는데…
- ○○가 더 일찍 나와서…
- 결론을 알 수 없는 말은 상대방을 불안하게 만듭니다.

처음부터 목표와 목적지를 언급하는 '앤서 퍼스트' 형식의 글은 결론부터 이유, 사실까지 이해하기 쉬운 흐름을 갖추기에 읽는 사람의 불안을 해소할 수 있습니다. 또한 글을 쓰는 사람도 전달하고자 하는 주제를 집약할 수 있어서 수월하게 집필할 수 있는 이점도 있습니다. 가장 먼저 전달하고 싶은 상품 타이틀과 서비스명을 맨 앞에 배치하고 그다음에 관련 내용과 취지를 언급하고 상품과 서비스의 세부 사항, 유통과 운용 방법 등 중요도를 낮춰가면서 작성하면 읽는 사람이 스트레스 없이 논리적으로 이해할 수 있습니다.

KEYWORD → ✓ 3단 피라미드 구조

 충분히 천천히 3단 피라미드 구조

읽는 사람에 따라서 글을 구성하는 방법을 바꿔본다. 3단 피라미드 구조는 읽는 사람이 글을 충분히 읽을 수 있게 하는 장치이다.

독자가 천천히, 충분히 읽기를 바란다면 3단 피라미드 구조를 활용해 보세요. 첫 번째 단락에는 '결론', 두 번째 단락에는 '근거', 세 번째 단락에는 '사실' 순서로 구성합니다. 첫 번째 단락부터 마지막 단락까지 서서히 밑변이 넓어지는 삼각형 구조라서 '3단 피라미드 구조'라고 부릅니다. 맨 꼭대기에 위치하는 결론은 당연히 한 가지입니다. 두 번째 단락에 위치하는 근거는 결론의 이유로서 너 개 정도면 충분합니다. 세 번째 단락의 사실은 두 번째 단락의 근거를 뒷받침합니다. 근거 하나에 사실은 한두 개 정도면 딱 좋습니다. 너무 많이 열거하면 정보 과다로 독자를 불편하게 만듭니다. 또한 '예를 들어', '가령', '이를테

논리는 3단 구조로!

면' 등을 쓰면 신빙성과 설득력을 높일 수 있습니다.

첫 번째 단락에 반드시 결론을 적을 필요는 없습니다. 일단 생각하기 쉬운 순서대로 씁니다. 글을 써봤는데 근거와 사실 단락에서 '○○이니까', '○○이다'로 자연스럽게 연결되지 않는다면 퍼즐 맞추듯이 조각(내용)을 바꿔보세요. 3단 피라미드 구성에 익숙해지면 논리적인 사고를 익힐 수 있습니다.

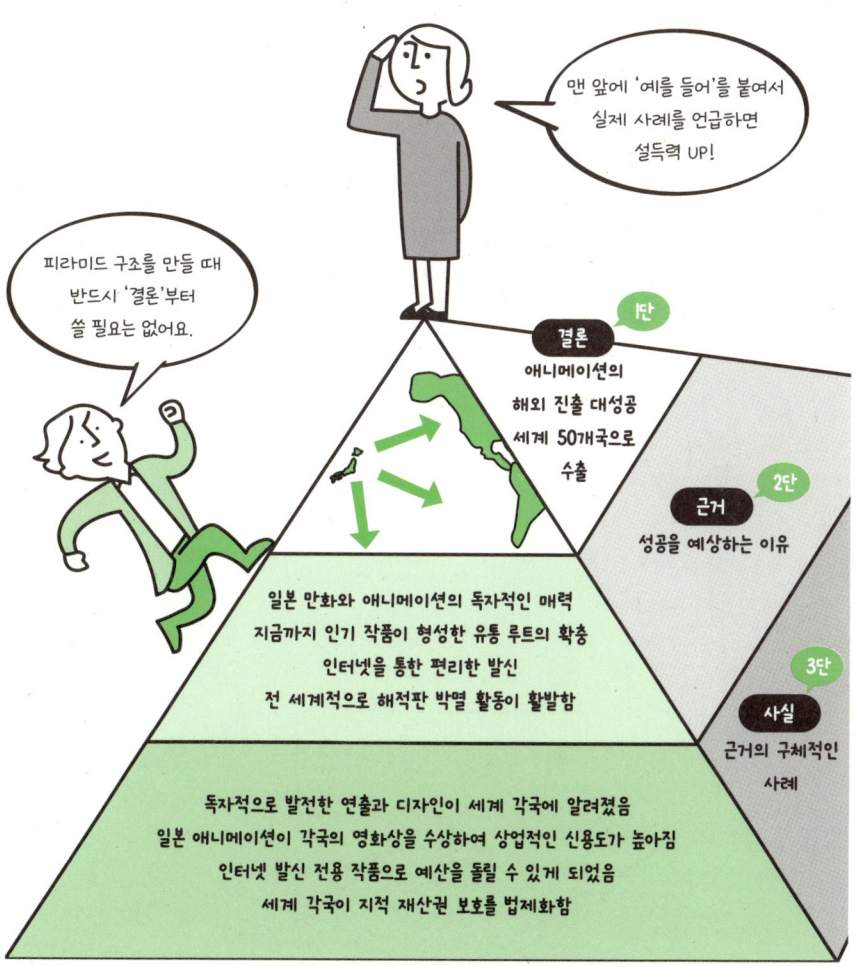

논리를 3단 피라미드 구조로 쌓아 올린다

KEYWORD → ✔ 3단 구성

글을 꼼꼼히 3단 구성

논문, 연구 보고서 등 꼼꼼하게 읽어야 하는 글은 내용을 잘 이해할 수 있도록 3단 구성으로 작성한다.

꼼꼼하게 읽어야 내용을 이해할 수 있는 글이 있습니다. 입시나 취업을 위한 소논문, 연구 보고서, 학술 논문 등이 그렇죠. 이런 문서는 '서론', '본론', '결론'의 3단 구성으로 씁니다. 서론은 도입 부분으로 구체적인 문제 제기나 논점을 제시하여 글 전체의 큰 방향을 제시합니다. 논점은 주제에 따라서 '어떻게 하면 해결할 수 있는지', '무엇이 필요한지' 등 의문문을 사용하면 간단하게 명시할 수 있습니다. 또한 글쓴이의 동기에 해당하는 부분이지만 어디까지나 도입이므로 길어지지 않도록 주의해야 합니다.

독자가 꼼꼼히 읽는 글의 구성

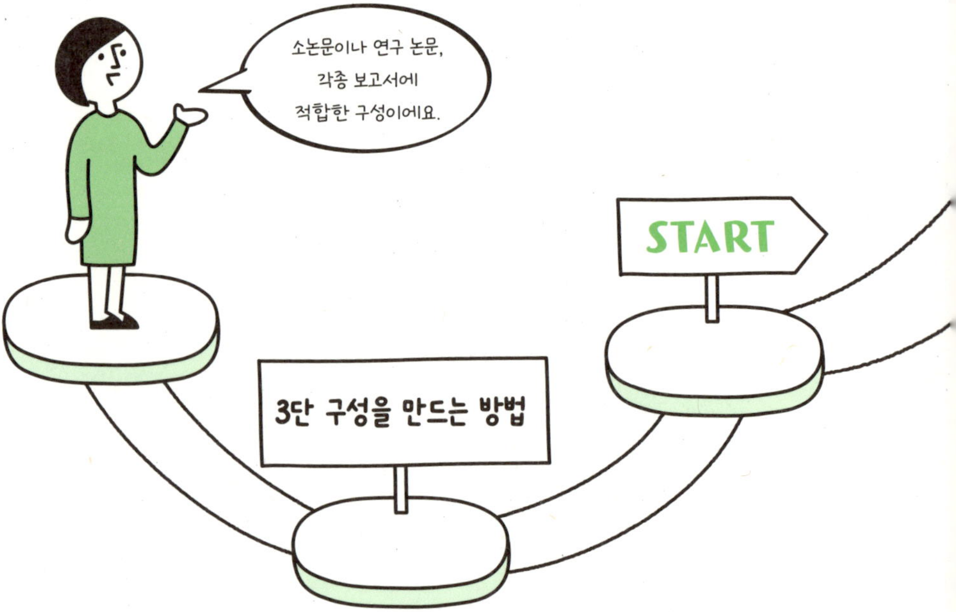

소논문이나 연구 논문, 각종 보고서에 적합한 구성이에요.

START

3단 구성을 만드는 방법

본론에서는 상황을 나열하는 것이 아니라 '원인', '결과', '성공', '실패', '현상', '개선' 등 대립하는 개념을 활용하여 주제를 다각적으로 분석합니다. 마지막인 결론은 본론의 분석을 통해서 끌어낸 주장이나 결론을 서론의 문제 제기에 대한 답으로 정리합니다. 이때 본론의 분석을 반복해서 서술하지 않고 '향후 어떻게 해야 하는지'를 묻는 내용으로 마무리하는 것이 가장 좋습니다.

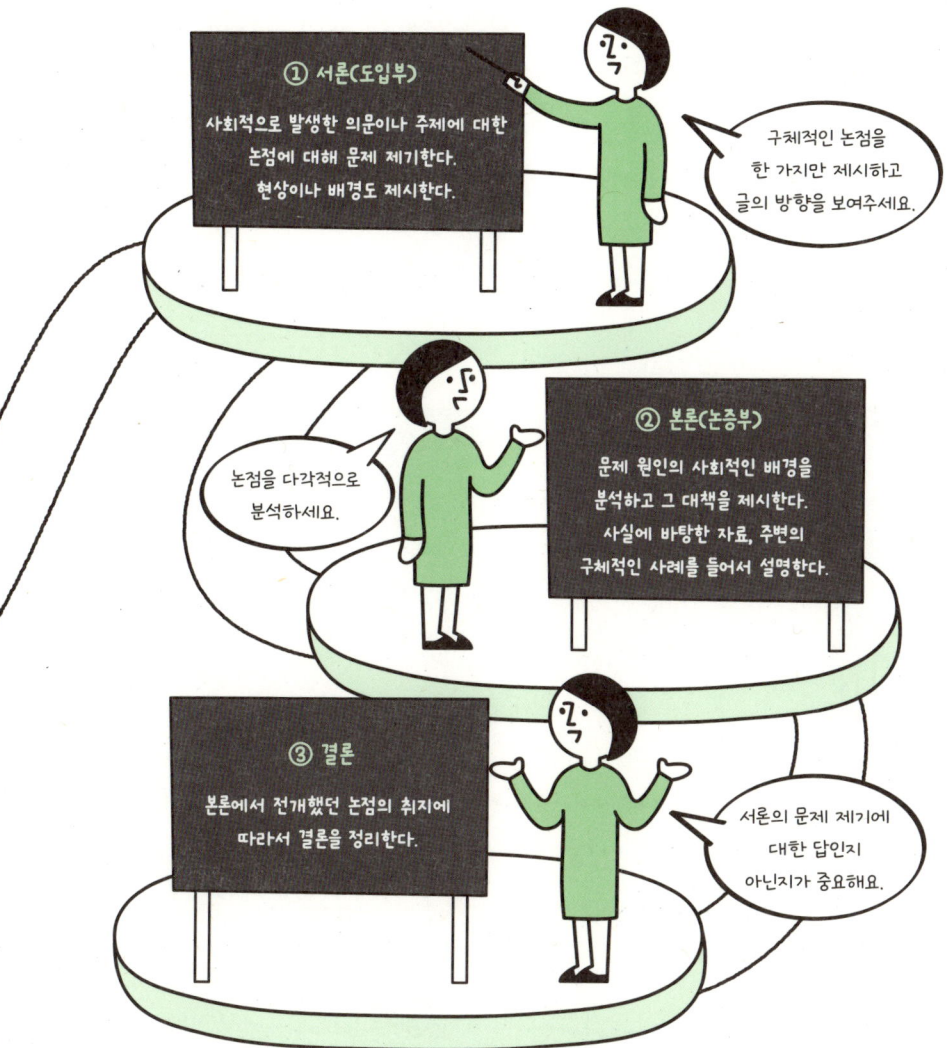

KEYWORD → ✓ 기승전결

11 기승전결로 읽는 사람을 사로잡는다

픽션은 읽는 사람의 관심을 끌기 위해서 이야기가 중요한 '기승전결'의 4단 구성을 활용한다.

글의 구성은 글의 성격에 따라서 달라집니다. 보통 업무 문서나 논문 등은 독자가 꼼꼼하게 읽을 수 있도록 3단 구성의 논술법을 활용합니다. 소설과 같은 픽션은 '기起', '승承', '전轉', '결結' 4단으로 구성합니다. 기승전결의 4단 구성은 독자의 관심을 끄는 이야기(스토리)가 중요합니다. 그래서 픽션은 물론 이야기 형식의 수필, 사실을 그리는 다큐멘터리, 뉴스 등에서도 이야기가 담긴 기승전결의 구성을 활용하는 경우가 많습니다.

목적에 따라 글의 구성을 바꾼다

기승전결의 4단 구성은 4칸 만화나 드라마 각본, 소설에 적합해요. 그 밖에 이야기가 있는 뉴스나 다큐멘터리에도 사용되죠.

① 기
무엇에 관한 이야기인지, 주제를 제시한다.
(예)
어느 마을에서 가축이 습격받았다.

4단 구성을 만드는 방법

START

'기'는 이야기의 발단입니다. 앞으로 전개될 내용이 무엇에 관한 이야기인지, 어떤 상황인지를 설명합니다. '승'은 '기'에서 만든 흐름을 유지하면서 이야기를 발전시켜 나갑니다. '전'은 '기', '승'의 흐름에서 그 이외의 방향으로 이야기를 전개합니다. '결'은 '전'에서 방향을 튼 이야기의 결론을 내리고 마무리합니다. 기승전결의 4단 구성은 어디까지나 이야기를 중시하는 논술법입니다. 이 밖에 연극에서 활용하는 '기', '승'을 합친 3단 구성도 있습니다.

KEYWORD → ☑ CRF법

12 CRF법으로 설득력을 높인다

처음부터 결론을 제시하는 '앤서 퍼스트' 형식의 3단 피라미드 구조인 'CRF법'을 사용하면 글의 설득력이 높아진다.

글의 설득력을 높이려면 '앤서 퍼스트' 형식의 3단 피라미드 구조 'CRF법'을 사용하면 좋습니다. CRF은 결론Conclusion, 이유Reason, 사실Fact의 첫 글자를 딴 것입니다. 이 논법은 결론을 먼저 제시하는 유형으로 '일단 결론부터 말하자면…'이라고 시작하여 결론을 피라미드의 꼭짓점, 즉 첫 번째 단락의 정점에 둡니다. 두 번째 단락은 '그 이유는…'이라며 이유와 근거를, 세 번째 단락은 '실제 자료는…'이라며 이유를 뒷받침하는 증거와 사실을 반드시 한 가지 준비합니다.

글의 설득력을 높이는 CRF법

CRF법은 단시간에 상대방의 반응을 살필 수 있어서 다양한 비즈니스 현장에서 활용되고 있어요.

CRF법은 3단 피라미드 구조
① 자신의 주장
　결론(Conclusion)을 전달한다.
② 결론의 근거
　이유(Reason)를 첨부한다.
③ 이유 보강
　사실(Fact)을 제시한다.

그렇군요.

이렇게 3단으로 자신이 전달하고자 하는 바를 설득력 있게 논합니다. 또한 처음부터 결론을 제시함으로써 단시간에 상대방의 반응을 살필 수 있습니다. 특히 독자나 청중이 정보를 듣는 게 전제라면 매우 효과적인 논법이지요. 다만 아무리 효과적이라도 완성된 글의 구성을 비판적으로 살펴보는 것도 중요합니다. 결론을 뒷받침하는 사실을 더욱 정확하게 검증하여 글 전체가 논리에 어긋남이 없도록 반드시 확인해야 합니다.

이유나 사실 항목을 늘려서 피라미드로 구성한다

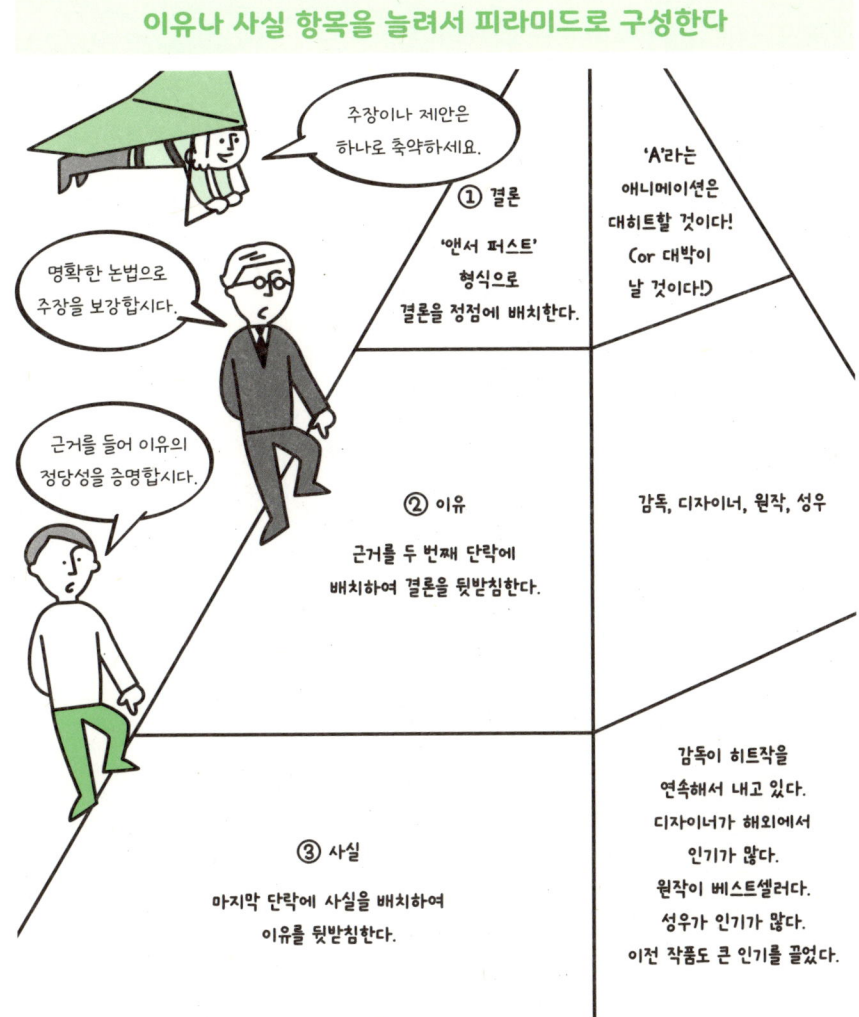

KEYWORD → ☑ SDS법

13 SDS법으로 꼭 기억해야 할 내용을 설명한다

샌드위치처럼 '상세'를 '개요' 사이에 끼워 넣는 SDS법은 내용 설명의 큰 흐름을 기억하기 쉽게 만든다.

SDS법은 '개요Summary - 상세Detail - 개요Summary' 순서로 배치하는 논법입니다. 맨 앞에 글의 전체적인 개요를 제시하여 읽는 사람이 글의 문맥을 파악하기 쉽습니다. 또한 상세 부분에서 내용을 강조해 개요를 보강할 수 있기 때문에, 글의 큰 흐름을 독자의 기억에 남기기에 매우 효과적입니다. 일단 설명할 내용을 한 가지로 축약하여 첫 번째 '개요'에 넣는데, 이때 '요점은 ○○입니다' 같이 명확하게 제시하는 것이 좋습니다.

상세를 개요로 감싼다

그다음에 '상세'에서는 개요에 대해서 자세하게 설명합니다. 청중이나 독자가 가장 알고 싶어 하는 정보를 중심으로 자세하게 서술합니다. 마지막 '개요'에서는 '마지막으로 마무리하면 ○○입니다'라며 글을 정리합니다. 마지막 개요의 분량이 길면 청중이나 독자가 그 내용을 기억하기 어려우므로 정보를 압축하는 것이 좋습니다. 인지 심리학에서는 상대방에게 정보를 전달할 때 그 정보를 초반과 후반에 언급하는 것이 가장 효과적이라고 합니다. SDS법은 이런 심리학을 반영한 논법입니다.

개요만으로도 기억하기 쉽다

① 처음부터 설명할 내용의 개요를 하나로 축약해서 전달한다
 - 이 기획의 요점은 캐릭터입니다.
 - 음.

② 설명 내용의 세부 사항을 전달한다
 - 이번 애니메이션의 주인공은 아저씨랍니다!
 - 뭐라고요?

③ 설명 내용의 개요를 정리한다
 - 캐릭터의 연령을 높인 것이 대박 칠 겁니다.
 - 기대되는군요!

KEYWORD → ✓ PREP법

14 CRF법 + SDS법 = PREP법

간단하고 쉽게 사용할 수 있는 PREP법은 회의나 프레젠테이션 등과 같이 제한된 시간 안에 효과를 발휘할 수 있는 논법이다.

비즈니스 상황에서 자주 사용되는 PREP법은 결론Point으로 시작해서 이유Reason를 구체적인 사례Example로 보강하고 다시 결론Point으로 마무리하는 논법입니다. CRF법과 같이 구체적인 사례로 이유를 확장해 나가지만, SDS법처럼 마지막에 결론을 가져와서 끝맺기 때문에 결론은 방대해지지 않습니다. 또한 SDS법과 달리 상세 부분의 이야기성을 중시하지 않아서 회의나 프레젠테이션, 보고 등과 같이 시간이 제한적인 상황에서 간편하게 사용할 수 있는 기본 논법입니다. 즉 CRF법과 SDS법의 장점만을 합친, 사용하기 편리한 논법이지요.

업무상 사용되는 논법을 결합한다

처음에 결론을 서술하고 이유와 구체적인 사례로 보강하는 것이 PREP법입니다.

마지막에 결론을 다시 정리하니, 시간이 짧은 회의에 적합해요.

결론 → 이유 → 구체적인 사례 → 결론

일단 결론을 한 가지만 전달합니다. 마지막에도 같은 결론을 배치하므로 SDS법과 마찬가지로 독자와 청중의 기억에 잘 남습니다. 그다음으로 결론의 이유를 서술합니다. CRF법과 같이 객관적으로 판단할 수 있는 자료를 제시합니다. 이어서 이유를 뒷받침하는 구체적인 사례를 제시하여 설득력을 높입니다. 마지막에 결론을 다시 한번 정리하는데, 정보가 너무 많지 않도록 100자 정도로 끝맺습니다.

개요만으로도 기억하기 쉽다

CRF법과 SDS법의 장점을 합친 것이 PREP법이에요. 회의나 보고회에서 사용할 수 있는 논법이지요.

① **결론을 전달한다** (Point)
④와 같은 내용을 언급해서 독자나 청중의 기억에 잘 남게 한다.

이 책은 출판해야 합니다.

독자가 원하기 때문입니다.

② **이유를 첨부한다** (Reason)
객관적으로 판단할 수 있는 이유를 제시한다.

설문 조사에서 출판을 원하는 의견이 다수 있었습니다.

③ **구체적인 사례를 든다** (Example)
고유 명사로 구체적인 사례를 제시한다.

④ **재차 결론을 제시한다** (Point)
정보 과다가 되지 않도록 간단하게!

이 책은 출판해야 합니다.

③에서 구체적인 사례를 너무 많이 들면 ④ 결론에서 정리하기 힘드니 주의하세요.

KEYWORD → ✓ 이유 포인트

결론의 근거는 일곱 가지

결론의 근거를 일곱 가지로 추리면 글쓴이도 논리적으로 글을 쓸 수 있을뿐더러 읽는 사람도 정리하기 수월하다.

독자가 글을 읽으면서 받는 스트레스가 크면 이해도는 낮아지고 심지어 도중에 읽기를 포기할 수 있습니다. 결론을 제시한 후에 그 근거를 서술하는 글이라면, 근거를 몇 가지로 추리는 게 좋습니다. 읽는 사람이 훨씬 이해하기 쉬울 겁니다. 또한 처음부터 '근거(이유)는 몇 가지'라며 숫자를 제시하면 읽는 사람도 전체적인 그림을 그릴 수 있어 불안감이나 스트레스 없이 글의 내용을 이해하고 정리할 수 있습니다. 대개 세 가지가 이상적인데, 일단 일곱 가지부터 시작해 보세요.

결론의 근거가 되는 이유를 추린다

근거를 몇 가지로 추리는 작업은 글쓴이에게도 이점이 있습니다. 근거를 몇 가지로 제한하면 취사선택이 가능해지고 논리적으로 이유를 정리해서 글로 표현할 수 있습니다. 설득력 또한 높아집니다. 그리고 글쓴이가 머릿속으로 전달하고 싶은 논점을 완벽하게 정리하지 못한 경우라면 혼란스러운 부분을 교통 정리하듯 정리할 수 있습니다. 만일 연설 등에서 이 논법을 사용한다면 세 가지 정도가 좋겠습니다. 말로 전달하는 경우라도 머릿속으로 간단하게 정리해서 기억할 수 있을 정도의 개수가 가장 좋습니다.

Column 03

혼동하기 쉬운 동음이의어

동음이의어는 소리는 같으나 뜻이 다른 단어입니다. 이러한 동음이의어는 많은 언어에서 나타나는 현상인데요. 특히 한자어를 기반으로 하는 언어에서 더 눈에 띕니다. 이러한 동음이의어를 구분해서 사용해야 오해가 없겠지요. 글의 맥락에 따라 달라지는 동음이의어에 대해 알아봅시다. 대부분 알고 있는 단어일 테니, 가벼운 마음으로 한번 살펴보세요.

배
- 배나무 열매
- 물 위를 떠다니는 수송 수단
- 동물이나 사람의 몸의 일부

사과
- 사과나무 열매
- 잘못을 인정하고 용서를 구하는 일

눈
- 시각 기관
- 하늘에서 내리는 얼음 결정

모자
- 머리에 쓰는 물건
- 어머니와 아들

말
- 동물
- 언어 또는 발언

부자
- 재물이 많아 살림이 넉넉한 사람
- 아버지와 아들

종
- 소리를 내는 금속 물체
- 식물에서 나온 씨앗
- 예전에 남의 집에 딸려 일하던 사람

바람
- 공기의 흐름
- 소망이나 희망

연패
- 경기에서 연속해서 승리함
- 싸움이나 경기에서 연속해서 짐

대
- 크기나 규모가 큰 것
- 세대나 시대
- 대학교

손
- 사람의 팔목 끝에 달인 부분
- 다른 곳에서 찾아온 사람
- 자신의 세대에서 여러 세대가 지난 자녀를 이르는 말

결실
- 일의 결과가 잘 맺어짐
- 일부가 빠져 없어짐

Chapter 4

문장을 알기 쉽게 만드는 테크닉

문장 구조를 논리적으로 구성했다면
이제는 문장을 알기 쉽게 써야 합니다.
이를 위한 다양한 테크닉을 배워봅시다.

KEYWORD → ✓ 주어 하나에 서술어 하나

 **주어와 서술어를 가까이 둔다**

문장은 주어와 서술어로 이루어진다. 주어와 서술어의 관계를 재검토하면 읽기 편하고 이해하기 쉬운 문장을 만들 수 있다.

문장은 주어와 서술어로 이루어집니다. 한 문장의 최소 단위는 '무엇'이라는 주어와 '…하다'라는 서술어가 한 세트입니다. 주어는 문장에서 동작이나 상태, 성질의 주체가 되는 말이고 서술어는 주어를 받아서 주어의 동작이나 상태, 성질을 설명하는 말입니다. 이해하기 쉬운 문장을 쓰려면 주어와 호응하는 서술어가 반드시 '주어 하나에 서술어 하나'를 기본 원칙으로 삼아야 합니다. 필요한 주어를 생략해 버리면 서술어의 의미를 알기 어려우므로 주의해야 합니다.

주어와 서술어가 한 세트

나는 계산대 앞에서 그녀가 점심시간에 편의점에서 빵을 사는 것을 봤다.

↓ 개선

점심시간에 편의점에서 그녀가 빵을 사는 것을 나는 봤다.

계산대 앞에 서 있는 사람이 나예요? 그녀예요?

주어와 서술어를 가까이 두면 이해하기 쉬워요.

한 문장 안에서 주어와 서술어가 멀리 떨어져 있으면 의미를 이해하기 어렵습니다. 주어와 서술어는 되도록 가까이 둡니다. 주어와 서술어의 기본적인 관계를 재검토하지 않으면 '저의 희망은 밥을 먹고 싶습니다' 같이 주어와 서술어의 호응이 맞지 않는 '비문'이 되고 맙니다. 비문을 없애려면 주어와 서술어를 따로 떼어내어 직접 나열해 보세요. 그리고 자연스럽게 연결되는지를 확인하는 거죠. 앞의 예문은 '저의 희망은', '먹는 것입니다'로 고치면 좋겠지요?

비문을 없애자

나의 꿈은 우주 비행사가 되고 싶다.

> 주어인 '꿈은'에 호응하는 서술어는 '되는 것'입니다. 이처럼 주어와 서술어의 호응이 맞지 않는 문장을 '비문'이라고 합니다.

나의 꿈은 우주 비행사가 되는 것이다.

또는

장래에 나는 우주 비행사가 되고 싶다.

> 주어와 서술어의 호응이 잘 맞는지 꼭 확인하세요.

KEYWORD → ✓ 목적어

02 문장의 의미가 명확해지는 목적어

주어에 해당하는 인물이 '무엇을' 어떻게 했는지를 명확하게 설명하려면 '목적어'를 넣어야 한다.

문장 안에서 주어와 서술어를 따로 떼어내어 직접 나열해 보세요. 기본적인 문장의 골격을 파악할 수 있습니다. 그러나 이것만으로는 주어에 해당하는 인물이 '무엇을' 어떻게 했는지가 불명확합니다. 목적어란 서술어의 동작 대상이 되는 말로 예를 들면 '달걀을', '사전을', '주스에' 등과 같이 '무엇을', '무엇에'에 해당하는 부분입니다. 이 부분을 모르면 문장 전체의 의미가 제대로 전달되지 않으므로 문장을 쓸 때는 반드시 목적어를 넣습니다.

목적어로 문장의 내용을 명확하게 한다

'나는 어제 혼자 TV를 봤다'에서 주어는 '나는', 서술어는 '봤다'입니다. 만일 주어와 서술어만을 떼어내어 '나는 봤다'라는 문장을 썼다면 이를 읽은 사람은 더 자세한 설명을 원할 것입니다. 그래서 필요한 것이 목적어에 해당하는 'TV를'입니다. 목적어가 더해져야 문장의 요점을 파악할 수 있으니까요. 문장을 쓸 때 구체적인 목적어를 추가하면 설득력이 높아지고 상황을 더 명확하게 설명할 수 있습니다.

KEYWORD → ☑ 수식어, 피수식어

 수식어는 피수식어 옆에 둔다

목적어나 서술어를 보조하는 '수식어'로 설명이 더욱 명확해질 수 있다. 다만 너무 많이 사용하면 혼란을 초래할 수 있으니 주의해야 한다.

주어와 서술어의 내용을 자세하게 설명하는 말을 '수식어'라고 합니다. 수식어가 설명하는 말은 '피수식어'입니다. 수식어는 목적어나 서술어를 보조하여 문장을 더욱 명확하게 하는 효과가 있습니다. 예를 들면 '빨간 꽃'의 경우 '빨간'이 수식어고 '꽃'이 피수식어입니다. 이렇게 수식어가 짧으면 오해의 소지가 적지만, 복잡한 장문에서 수식어가 늘어나면 이해하기 어려워집니다.

수식어와 피수식어를 가까이 두고 설명한다

단순하고 명쾌한 문장을 쓰고 싶다면 수식어는 최소한으로 넣어야 합니다. 만일 수식어를 더 넣어야 한다면 독자가 읽기 쉽도록 규칙을 정해보세요. 이를테면 수식할 말과 수식될 말을 되도록 가까이 두는 식입니다. 이렇게 하면 수식어가 각각의 서술어에 걸리지 않아서 의미를 이해하기에 혼란스럽지 않습니다. 또는 수식어가 많이 들어갈 때는 문장을 자르고 마침표를 찍어서 두 문장으로 나눕시다. 그러면 문장이 단순해지고 읽기 쉬워집니다.

KEYWORD → ☑ 행갈이

행갈이로 읽기 편한 문장을 만든다

단락 구분이나 행갈이 없이 길게 이어지는 글은 읽기 힘들다. 읽기 편하도록 행갈이를 하거나 단락을 나누어 읽는 사람의 관심을 끌자.

행갈이 없이 문장을 길게 나열하는 글도 있습니다. 이런 글은 어디에서 끊어 읽어야 할지 난감하죠. '글자가 다닥다닥 붙어 있다', '읽으면서 글의 내용을 정리할 여유가 없다'라는 말을 듣기도 하고요. 그래서 행갈이나 단락 나누기가 필요한 겁니다. 문장은 규칙에 따라서 행갈이를 하면 읽기 편해집니다. 예를 들어 '문장을 시작할 때는 한 칸 들여쓴다(웹사이트나 SNS에서는 바로 시작한다)', '단락을 나눈다', '줄을 바꿀 때도 한 칸 들여쓴다(웹사이트나 SNS에서는 바로 시작한다)' 등과 같은 규칙입니다.

이런 규칙을 전제로 어디에서 행갈이를 하면 좋을까요? 일단 '단락을 나눈다'가 가장 기본입니다. 단락이란 같은 내용의 문장 덩어리를 말합니다. 즉 내용이 바뀌는 곳에서 단락을 나누면 됩니다. 또한 같은 내용의 단락이라도 5줄 정도, 문자 수로는 200자 정도를 기준으로 행갈이를 하면 읽기 편해집니다. 한편 컴퓨터나 스마트폰 등의 디지털 도구는 독자의 집중력이 떨어지므로 2~3줄 정도에서 행갈이를 하는 것이 좋습니다.

어디에서 줄을 바꿔야 하나?

① 내용이 바뀌는 곳에서 행갈이해서 단락을 나눈다.
생각 덩어리를 만든다. 그 과정에서 글쓴이와의 호흡이 맞으면 독자는 글에 빠져든다.

② 문장이 5~6줄 정도 계속 이어졌다면 행갈이를 한다.
내용이 바뀌지 않더라도 문장이 길게 이어진 경우에는 5~6줄 정도에서 행갈이를 한다. 문자 수는 약 200~250자 정도가 좋다.

③ 블로그나 SNS의 경우 2~3줄 정도에서 행갈이를 한다.
컴퓨터나 스마트폰 등 디지털 매체에 게재되는 글은 2~3줄에서 행갈이를 하면 읽기 편해진다..

내용이 바뀌는 곳과 문장의 길이에 따라 행갈이하세요.

디지털 매체의 행갈이 규칙은 잡지나 책과는 달라요.

KEYWORD → ✓ 품사

 열거한 표현의 품사를 통일한다

문장 안에서 나열되는 단어 중에 명사, 형용사, 부사 등 다양한 품사가 혼재하면 문장이 부자연스럽다.

문장 안에서 나열되는 여러 단어의 품사가 통일되지 않으면 부자연스러운 문장이 됩니다. 품사란 명사, 동사, 형용사 등의 분류를 말합니다. 예를 들면 누군가를 칭찬할 때 '아름답다', '상냥하다', '강하다' 등의 단어를 사용하는데 '그녀의 매력은 아름답고, 상냥함, 강인한 점으로 세 가지다'라고 쓰면 읽기 불편하고 어색하게 느껴집니다. '그녀는 아름답고 상냥하며 강인해서 매력적이다', '그녀의 매력은 아름다운 점, 상냥한 점, 강인한 점으로 세 가지다'로 수정하면 좋겠지요.

읽기 편하도록 품사를 통일한다

전자는 칭찬하는 단어의 품사를 형용사로, 후자는 '…하는 점'을 말끝에 붙여서 품사를 명사로 통일시켰습니다. 자신이 생각한 내용을 글로 쓸 때는 의도적으로 변화를 준 경우를 제외하고 나열할 표현의 품사를 통일하려고 노력해야 합니다. 문장 안에 형용사와 명사 등이 혼재한다면 다시 읽어 보고 하나씩 수정해 보세요. 그러면 읽기 편하고 머릿속에도 쏙쏙 들어오는 좋은 문장을 완성할 수 있을 것입니다.

KEYWORD → ✔ 쉼표

 올바른 쉼표 사용

쉼표는 문장을 끊어서 의미를 명확하게 하고 내용에 리듬을 준다. 쉼표로 읽기 편하고 이해하기 쉬운 문장을 작성하자.

'쉼표(,)'를 올바르게 사용하면 문장이 훨씬 읽기 편해집니다. 다음은 쉼표가 사용될 때예요. ① 같은 자격의 어구를 연결할 때 ② 짝을 지어 구별할 때 ③ 문장 중간에 끼어든 어구의 앞뒤에 ④ 문장의 연결 관계를 분명히 하고자 할 때 ⑤ 열거의 순서를 나타낼 때 ⑥ 되풀이되는 말을 피하기 위해 일정 부분을 줄여서 열거할 때 ⑦ 부르거나 대답하는 말 뒤에 ⑧ 한 문장에 같은 의미의 어구가 반복될 때 ⑨ 도치된 어구 사이에 ⑩ 바로 다음 말과 직접적인 관계에 있지 않음을 나타낼 때 ⑪ 특별한 효과를 위해 끊어 읽는 곳을 나타낼 때 ⑫ 짧게 더듬는 말을 표시할 때 등에 사용합니다.

쉼표로 의미를 전달한다

나는, 울면서 뛰는 외계인을 봤다.

나는 울면서, 뛰는 외계인을 봤다.

쉼표 찍는 곳을 바꾸면 전혀 다른 의미의 문장이 됩니다.

또한 쉼표를 어디에 찍느냐에 따라서 행동의 주체를 명확하게 나타낼 수 있고 어구를 강조할 수도 있습니다. 기본적으로 문장의 리듬에 따라서 쉼표를 찍으면 읽기 편한 문장이 되지만, 마치 숨을 연달아 쉬는 것처럼 단어나 문구마다 자주 찍으면 오히려 흐름이 끊겨서 읽기 힘들어집니다. 쉼표를 찍을 곳을 충분히 이해하고 문장 내용이 잘 전달될 수 있도록 합시다. 쉼표가 많아지는 경우는 표현을 바꾸어 쉼표가 없어도 오해가 생기지 않는 문장으로 바꿉시다.

KEYWORD → ✓ 전문 용어

어려운 전문 용어를 자주 쓰지 않는다

전문 용어는 일반인이 이해하기 어렵다. 전문 용어를 사용할 때는 의미를 설명한다.

특정 분야의 전문가는 자신이 사용하는 전문 용어가 일반인에게 통하지 않는다는 사실을 종종 잊어버리는가 봅니다. 정치, 경제, 과학 분야 등에서는 그 분야의 종사자만이 알 수 있는 어려운 용어가 사용됩니다. 그래서 전문가가 TV에 등장하여 어려운 용어를 언급하면, 시청자의 이해를 돕기 위해 TV 화면에 자막으로 용어의 뜻을 표시하는 경우가 있습니다. 이는 전문 분야뿐만이 아니라 특정 세대에서만 통용되는 유행어도 마찬가지입니다.

전문 용어는 전문 지식이 필요하다

이해하기 쉬운 글을 쓰려면 특정 분야의 사람만이 알 수 있는 전문 용어나 업계 용어 사용을 되도록 자제하거나, 용어 설명을 넣어야 합니다. 그렇게 하면 이를 읽는 사람의 '지식'에 보탬이 될 수도 있겠죠. 단, 해설문에 어려운 단어가 포함되면 오히려 더 어려워질 수 있으니 주의해야 합니다. 전문 용어와 그 용어를 설명하는 데에 사용되는 난해한 단어는 누구나 이해할 수 있도록 풀어서 씁시다.

전문 용어는 용어 해설과 한 세트로!

KEYWORD → ✓ 숙어

난해한 숙어 표현은 풀어쓴다

글을 읽는 대상을 불특정 다수로 가정했을 때 어려운 숙어보다는
일상적이면서도 일반적으로 사용되는 말로 풀어쓰는 것이 좋다.

불특정 다수를 대상으로 글을 쓴다면 난해한 숙어 표현보다는 일상적이면서도 일반적인 말로 바꾸는 편이 이해하기 쉽습니다. 어려운 숙어를 사용하면 글이 중후하고 세련된 인상을 줄 수도 있지만, 실제로는 전달하고자 했던 내용을 거의 전달하지 못합니다. 제대로 전달하고 싶다면 난해한 숙어 표현을 누구나 알 수 있도록 풀어쓰거나 다른 표현으로 바꾸세요. 물론 아무렇게나 쉽고 간단하게 표현한다고 다 되는 것은 아닙니다. 사람에 따라서 느끼는 어휘의 난이도가 다르기 때문이지요.

어려운 단어는 바꾼다

저희 당은 긴급한 문제에 대해서 화급하게 대책을 강구하겠습니다.

이런 식이라면 낙선하지.

불특정 다수를 대상으로 알기 쉬운 글을 쓰려면 일상적인 말을 사용하세요.

중학생이 이해할 수 있는 정도의 어휘 난이도를 기준으로 삼으세요. 의무 교육에서 배우는 숙어를 사용한 문장이라면 의미는 전반적으로 전달됩니다. 이때 도움이 되는 것이 비슷한 뜻을 가진 단어를 모아놓은 '유의어 사전'입니다. 유의어 사전이라 하면 어렵게 생각하는데 그렇지 않습니다. 글을 쓸 때 어려운 숙어를 간단한 표현이나 단어로 바꾸는 데 매우 편리한 단어 모음집입니다. 또한 일반 사전에도 '유의어' 항목이 있으니 잘 살펴보세요.

KEYWORD → ✔ 외래어, 외국어

 **누구나 아는 외래어만 쓴다**

특히 중장년층과 고령자를 대상으로 글을 쓴다면, 이해하지 못하는 사람이 없도록 우리말을 사용하는 게 좋다.

외래어는 외국에서 들어온 말로 우리말에서 널리 쓰이는 단어를 말합니다. 버스나 컴퓨터, 에어컨 같은 거죠. 그런데 내가 회사 안에서, 내 커뮤니티에서 흔히 쓰는 외래어라고 생각해서, 그곳 밖에서도 자유롭게 사용한다면 어떨까요? 나만 아는, 아직 외래어로 정착되지 않은 외국어로 문장을 구성한다면 어떨까요? 문장 안에 모르는 외국어가 등장하면 읽는 사람은 독해하기 어렵습니다. 대중에게는 이미 일반화되어 정착된 외래어 말고, 새로운 외국어는 되도록 사용하지 않는 게 좋습니다. 읽는 대상에 맞추어 적절한 우리말로 바꾸어 쓰세요.

물론 최근 들어 사업 환경이 국제화되면서 영어를 그대로 쓰는 경우도 늘고 있습니다. 예를 들면 컨센서스Consensus, 메소드Method, 보틀넥Bottleneck, 사이버 스페이스Cyber Space 등이 있습니다. 코로나19 유행 이후 의료나 컴퓨터 관련 외국어도 증가했습니다. 하지만 고령자나 중장년층을 포함한 일반 대중을 대상으로 이런 단어가 가득한 글을 쓴다면, 이해하지 못하는 사람들이 나옵니다. 내가 알고 있다고, 내가 자주 쓴다고 모두가 다 아는 것은 아닙니다. 모두가 이해하기 쉬운 우리말을 사용하도록 노력합시다.

KEYWORD → ✓ 고유 명사

10 고유 명사를 적절히 사용한다

문장 안에 고유 명사나 '이, 그, 저'와 같은 지시어를 구체화하여, 말하고자 하는 내용을 명확하게 전달한다.

내용의 정보가 명확해야 이해하기 쉬운 문장입니다. 문장 안의 고유 명사를 구체화하면 정보의 정확성이 높아지고 오해 없는 문장이 됩니다. 가령 상대방에게 부탁할 때는 의뢰 내용과 조건을 명확하게 제시해야 합니다. 조금이라도 오해의 소지가 있다면 의식적으로 고유 명사의 구체성을 높이려고 노력해야 합니다. 비즈니스 의뢰 메일을 작성할 때도 '동영상'은 어떤 동영상인지, '카탈로그'는 어떤 카탈로그인지, '서류'는 어떤 서류인지를 명시하는 것이 중요합니다.

고유 명사를 구체화한다

고유 명사를 구체화해서 정보의 정확성을 높입시다.

예문 1과 같이 '무슨 동영상?' 하고 의문이 들게 하는 것은 NG!

예문 1 ▶ 상품 동영상을 보내겠습니다.

⬇ 개선

예문 2 ▶ A사의 상품 동영상을 보내겠습니다.

⬇ 개선

예문 3 ▶ A사의 완구 '로봇 친구' 동영상을 보내겠습니다.

이 밖에도 인명이나 지명, 회사명, 임원명, 상품명, 작품명, 프로젝트명 등 고유 명사를 명확하게 제시해야 하는 정보는 많습니다. 또한 날짜와 시간, 마감일을 정확하게 쓰는 것도 가독성은 물론 실수를 막기 위해서 반드시 주의해야 할 기본 중의 기본입니다. 또한 '이것', '저것', '그것' 등의 지시어를 문장 안에 사용했을 때도 이해하기 쉽게 하려면 구체적인 고유 명사로 바꾸는 것이 좋습니다.

고유 명사로 실수를 막는다

예문 A ▶ 서류를 인쇄해 주세요.

 개선

예문 B ▶ 7월 1일자 회의에서 사용했던 기획서를 인쇄해 주세요.

예문 C ▶ 저희 회사 직원이 11시에 마중 나가겠습니다.

 개선

예문 D ▶ 저희 회사 직원 ○○○가 11시에 △△역으로 마중 나가겠습니다.

KEYWORD → ✓ 비교, 범위

비교 또는 범위를 제시한다

글에서 다룰 대상을 다른 대상과 비교하면 정확한 정보를 분석할 수 있다.
또한 내용의 범위를 제시함으로써 배경을 명시할 수도 있다.

'A'라는 내용을 쓸 때 그 내용만으로는 일반 지식과 어떤 차이가 있는지 알기 어렵습니다. 이런 경우에는 유사하지만 다른 'B'와 '비교'하면 차이점과 정도의 '차이'를 이해하기 쉽습니다. 비교를 통해서 차이점을 명확하게 제시하면 정확한 정보를 전달할 수 있고, 이면에 숨겨진 진상까지도 분석할 수 있게 됩니다. 일이나 작업의 정보는 비교의 연속이라고 할 수 있습니다. 이 밖에 회의 보고서의 경우 토론했던 의제 중에서 결정 사항과 다음으로 미뤄진 미결정 사항을 함께 기재하는 것도 비교의 일종입니다.

비교를 통해서 정보를 정확히 한다

이해하기 어렵다
이벤트로 전단지 A와 B를 1,000장 배포했는데, 전단지 A가 인기였어요.

이해하기 쉽다
이벤트로 전단지 A와 B를 1,000장 배포했습니다. 전단지 A의 상품에 '관심이 있다'라고 답한 고객은 70퍼센트에 달했으나, B는 15퍼센트에 그쳤습니다. 이와 같은 고객 니즈의 격차가 2배에 가까운 매출 차이를 낳았다고 생각합니다.

둘의 차이를 명확하게 제시하면 이해하기 쉽고 설득력 있는 글이 됩니다.

결정 사항이 정해진 경위 말고도, 미결정 사항이 왜 미뤄지게 되었는지에 대한 설명을 기재하면 회의 상황에 대한 이해도가 높아집니다. 또한 예를 들어 A와 관련된 '범위'를 제시하면 정보의 정확성을 높일 수 있습니다. A는 어떤 규모에 속하는지, 어떤 장소에서 일어났는지, 언제 일어났는지 등을 명확히 하면 내용의 배경을 정확하게 전달하는 게 가능합니다. 이렇게 비교와 범위를 잘 활용하면 이해하기 쉽고 설득력이 높은 글을 쓸 수 있습니다.

범위를 제시하여 정확성을 끌어올린다

KEYWORD → ✔ 추상적 표현, 구체적인 사례

 추상과 구체를 묶는다

'추상적인 표현'과 사실을 전달하는 '구체성'을 균형적으로 활용해서 이해하기 쉬운 글을 쓴다.

이해하기 쉬운 문장은 이미지를 전달하는 추상적인 표현과 사실을 전달하는 구체적인 사례가 적절한 균형을 이룹니다. 예를 들면 '세련됐다', '멋지다', '근사하다' 등의 표현은 이미지를 전달하는데 편리하지만 정확하지 않습니다. 왜냐하면 사람마다 머릿속으로 연상하는 이미지가 다르기 때문입니다. 만일 디자인에 관한 것이라면 '세련됐다', '멋지다', '근사하다' 등의 이미지를 어떤 부분에서 느낀 것인지를 구체적인 예를 들어서 씁시다.

'추상'과 '구체'를 한 세트로!

또한 '파스텔 색상', '중세 유럽과 같은' 등 추상적인 표현을 구체화해서 의미를 잘 전달해 보세요. 우리가 무심코 사용하는 '호평'이나 '이상적'이라는 단어 또한 추상적입니다. '호평'이라면 매출이나 접속자 수 등 구체적인 숫자를, '이상적'을 논한다면 문화적인 배경이나 그 이유를 기재해야 합니다. 추상적인 표현과 구체적인 사례를 균형 있게 활용하면 설득력이 높아지고 읽는 사람이 이해하기 쉬운 글을 완성할 수 있습니다.

단어가 주는 인상은 다양하다

KEYWORD → ✓ 사실, 의견

 사실과 의견을 분명하게 한다

'사실'이라고 생각한 것이 '의견'은 아닌지, 사실과 의견을 명확하게 구분해서 오해의 원인을 해소한다.

읽는 사람이 문장 안에서 '사실'과 '의견'의 차이를 알기 어려우면 오해하거나 문제가 발생할 수 있습니다. 사실과 의견을 혼동하는 사람들은 자신의 주관적인 생각이나 추측을 사실로 잘못 믿는 경향이 있습니다. 이런 혼동은 잘못된 판단을 초래할 수 있습니다. 따라서 글을 쓸 때는 사실과 의견을 명확히 구분하는 것이 중요합니다. 이를 통해 잘못된 결론에 이르는 것을 피할 수 있습니다. 또한 문장의 내용이 사실인지 의견인지를 가려내기 위해서 '비판적 사고'를 기릅시다.

사실과 의견은 다르다

'자신이 사실이라고 생각한 것이 진짜인지', '기록을 뒷받침하는 증거를 확인했는지', '정의는 올바른지', '애매모호한 이론을 사용하고 있지는 않은지', '과잉 표현을 쓰지는 않았는지', '자신의 주관이나 착각은 아닌지' 등 자신이 쓴 문장과 글에 대해서 항상 의문을 가집시다. 예를 들어 '재미있다', '맛있다'라는 표현의 경우, 관련된 구체적인 사례가 없으면 어디까지나 주관적인 표현입니다. 재미와 맛의 정도를 명확히 하고 싶다면 설문 조사를 통한 득표수나 퍼센트 등 객관적이면서도 구체적인 수치를 제시해야 합니다.

KEYWORD → ✓ 말끝

결론을 흐리지 마라

결론을 얼버무리면 자신감이 없다는 인상을 주고 글 전체의 설득력이 떨어진다. 명확하게 '긍정'과 '부정'을 제시하자.

문장의 설득력을 높이려면 단언해야 하는 부분에서 문장의 말끝을 흐리지 마세요. 예를 들어 '…일지도 모른다', '…일 가능성이 있다', '…라고 생각한다', '…인 것 같다' 등 애매한 표현으로 끝맺으면 읽는 사람은 글 전체의 신빙성에 의문을 품습니다. 필요한 곳에서는 명확하게 단정합시다. 또한 보고서 등에서는 증거가 뒷받침된 '사실'이 필요합니다. 말끝을 얼버무리면 주관적인 '감상문'으로 변질되어 문장의 가치가 떨어지고 맙니다.

필요한 것은 단정한다

- 저희는 이 상품이 최적이라고 말할 수 있는 가능성이 높을지도 모른다고 생각할 것 같습니다.
- 정말인가요?
- 말끝을 흐리면 설득력이 떨어져요.

예를 들어 자동차를 판다고 합시다. 이때 '이 자동차의 장점은 높은 품질이라고 생각합니다. 그러므로 전략을 어떻게 세우느냐에 따라서 해외에서도 잘 팔릴 가능성이 높을 것 같습니다'라고만 쓰면 설득력이 부족합니다. '이 자동차는 품질이 좋습니다. 따라서 전략을 잘 세우면 해외에서도 잘 팔릴 것입니다'라고 단언해야 주제를 알기 쉽게 잘 전달할 수 있습니다. '…입니다', '…으로 결정합니다', '…할 수 없습니다' 등 필요한 부분에서는 명확하게 '긍정'과 '부정'을 제시합시다.

KEYWORD → ✓ 관계성

확실한 관계성으로 오해의 소지를 없애라

오독의 원인 중 하나로 고유 명사끼리의 관계성을 파악하기 어려운 경우를 들 수 있다. 정보를 보충해서 명확히 하자.

문장 안에 등장하는 고유 명사의 관계를 파악하기 어려우면 관계성을 이해하는 데 노력과 시간이 필요합니다. 그러다 보면 당연히 주제에 대한 이해도도 떨어지고 점차 머리에서 쥐가 나기 시작합니다. 또한 불필요한 오해로 문제가 발생할 수도 있습니다. 따라서 글을 쓰는 사람은 읽는 사람이 '누가?', '무엇을?' 등의 의문을 갖지 않도록 노력해야 합니다. 문장 안에 등장하는 인명이나 성별, 회사명 등 각각의 관계성을 구체적으로 제시하는 것은 물론 '그', '그녀' 등이 누구를 가리키는지 정보를 보충하여 명확히 합시다.

관계가 명확하면 문장의 수수께끼가 풀린다!

만일 추리 소설을 쓴다면 가계도나 관계도를 통해서 다수의 등장인물을 정리하고 논리적으로 사건의 수수께끼를 파헤치는 구성에 활용할 수 있습니다. 이와 반대로 의도적으로 문장을 복잡하게 쓰는 경우도 있습니다. 독자를 함정에 빠뜨리는 '서술형 트릭'인데요. 이러한 글에서 관계성을 파악하기 쉬운 문장을 추구한다면 오히려 치명적인 결함이 될 수밖에 없겠지요. 하지만 정보를 전달해야 하는 글에서는 누가, 누구에게, 무엇을 했는지 명확히 해야 합니다. 관계성을 명확히 밝히는 것은 오해와 오독을 막는 가장 효과적인 방법입니다.

KEYWORD → ✓ 동일한 범주

동일한 범주의 정보는 한 곳에

다양한 정보를 담을 경우 동일한 범주 안에 있는 이야기는 되도록 한곳에 모아서 쓴다.

한 문장 안에 다양한 내용을 넣을 때 동일한 범주 안에 있는 정보는 한곳에 모아서 쓰세요. 설령 논리나 문법적인 오류가 없더라도 다양한 정보가 이곳저곳에 흩어져 있으면 산만해집니다. 그러면 읽는 사람이 글에 집중하지 못하겠죠. 아래 예시처럼 마음에 드는 가게와 그 주변 이야기를 한다고 생각해 봅시다. 아래 예시는 매장(서점)에서 취급하는 상품에 관한 이야기를 처음과 끝으로 나누었고 점원과 매장의 음악 이야기를 그 사이에 넣었습니다.

동일한 정보는 한곳으로 모은다

이처럼 생각나는 대로 다양한 정보를 마구 섞어서 쓰면 독자는 글을 읽으면서 내용을 정리하지 못하고 결국 스트레스를 받게 됩니다. 매장 내부와 외부를 구별하여 동일한 범주 안에 있는 이야기는 한곳에 모아서 쓰세요. 더 강한 인상을 줄 수 있고 읽기도 편해집니다. 점원과 매장의 음악 이야기를 먼저 쓰고, 그다음 매장에서 취급하는 주요 상품에 관한 이야기를 모아서 쓰고, 매장 외부 이야기를 끝맺음에 덧붙이는 형식으로 구성한 것이 아래 예시입니다. 이처럼 동일한 범주 안에 정보를 한곳으로 모아서 쓰면 읽는 사람은 중요한 내용을 훨씬 더 잘 기억할 수 있습니다.

KEYWORD → ✓ 제목

 글의 표지판, 제목

제목은 독자의 관심 이끌고, 글쓴이가 주제의 방향을 잡기나 구성을 검토하는 데 활용할 수 있다.

서적이나 잡지, 기사, 블로그 게시글 등에 붙이는 제목에 따라서 판매량이나 구독자 수가 달라지기도 합니다. '제목'는 글의 얼굴입니다. '어떤 내용인지'를 담고 있는지 가장 먼저 알려주는 장치죠. 그러니 글을 쓸 때는 제목도 함께 고민해 보세요. 기사나 글 전체의 주제를 나타내는 '큰제목' 또는 '헤드라인'이 있고, 그다음 큰제목 아래 내용의 분류에 따라 넣는 '소제목'이 있습니다.

제목으로 독자의 관심을 끈다

글의 내용을 한눈에 알 수 있는 제목을 붙이세요. 제목로 사람들의 관심을 끌 수 있어요.

주제를 나타내는 큰제목

단락 사이에 들어가는 소제목

그렇군!

제목이 고민될 때는 일단 가제(假題)라는 임시 제목을 붙여보세요. 이를 통해서 글의 방향 잡기나 구성을 검토할 수 있습니다. 또한 문장 안에 가제와 동일한 표현을 사용하면 제목의 의미가 살아납니다. 글이 완성되면 가제와 내용이 부합하는지 다시 한번 검토하세요. 글을 쓰다 보면 가제에서 벗어나는 경우가 있습니다. 이때는 제목을 수정하면 됩니다. 또한 글에서 가장 중요한 문구를 인용해도 괜찮습니다. 불필요한 단어 수를 줄여서 간결한 제목을 만들면 보다 강한 인상을 줄 수 있습니다.

KEYWORD → ✓ 번호 매기기, 개조식

 요점 중심 개조식 문장

글이나 문장에 많은 정보를 넣고자 할 때는 번호를 매기거나 요점만 추려서 쓰는 개조식 정리법을 활용한다.

글이나 문장 안에 많은 정보를 넣고자 할 때 두서없이 쭉 나열하기만 하면 읽는 사람은 이해하기 힘듭니다. 이때는 독자가 정보를 이해하기 쉽도록 요점만 작성하는 개조식 정리법을 활용합니다. 개조식 정리법은 항목을 붙이지 않고 쓰는 방법으로 보고서나 의뢰서 등 다양한 글에서 활용할 수 있습니다. 다만 이해하기 쉬운 간결한 개조식 문장을 쓰려면 그만큼 요령이 필요합니다. 문장의 맨 앞에 숫자를 붙이는 '번호 매기기' 방법도 정보를 정리하는 데 편리합니다.

정보를 정리하는 '개조식 문장'을 사용한다

우선 개조식 문장을 작성하기 전에 목록이 무엇을 의미하는지, 목록 내용에 맞게 주제를 붙입니다. 주제에는 '세 가지', '다섯 가지' 등과 같은 문구를 미리 언급합니다. 또한 시간의 순서나 중요도에 따라서 번호를 붙입니다. 독자에게 정보를 수월하게 전달할 수 있으며, 누락되는 정보나 오독의 문제도 막을 수 있습니다. 다만 메일이나 채팅 등에서는 다섯 가지 이내로 줄입니다. 디지털 매체에서 긴 정보는 잘 읽히지 않기 때문입니다.

우리말로 바꿔 쓰면 좋은 비즈니스 외래어

- 어카운터빌리티 accountability → 설명 의무, 책임
- 어그리 agree → 동의하다, 지지하다
- 어사인 assign → 할당하다, 임명하다
- 어젠다 agenda → (프로젝트의) 안건
- 어셋 asset → 자산, 재산, 비즈니스상의 강점
- 어텐드 attend → (내방객 등이) 참석하다
- 얼라이언스 alliance → 제휴
- 이슈 issue → 논점, 과제, 문제
- 이니시어티브 Initiative → 주도권
- 인센티브 incentive → 성과 보수, 보상금
- 에비던스 evidence → 근거, (증거가 되는) 기록
- 캐퍼시티 capacity → 수용 능력, 용량, 정원
- 코어 콤피터스 core competence → (경쟁사를 뛰어넘는) 강점, 독자성
- 커미트먼트 commitment → 약속, 책임을 지다
- 콘센서스 consensus → 합의, 동의
- 컴플라이언스 compliance → 법령 준수
- 서스테이너빌리티 sustainability → 지속가능성
- 서머리 summary → 요약
- 시너지 synergy → 상승 효과
- 슈링크 shrink → (시장의) 축소
- 스킴 scheme → (사업) 계획
- 스크리닝 screening → 심사, 선별
- 스테이크 홀더 stakeholder → (기업에게 있어서의) 이해관계자
- 스펙 spec → 사양서
- 솔루션 solution → 문제 해결 수단, 방법
- 타이트 tight → (일정이나 예산에)

여유가 없다
- 다이버시티 diversity → 다양성
- 디포르메 déformer → 과장된, 변형된
- 널리지 knowledge → 지식, 정보
- 네고시에이션 negotiation → 교섭, 절충
- 니치 niche → 틈새시장
- 파트너십 partnership → 협력 관계
- 바이어스 bias → 편견, 선입관
- 버젯 budget → 예산안, (정해진 용도가 있는) 경비
- 버퍼 buffer → 여력, 여유
- 패러다임 paradigm → 인식의 틀
- 헐레이션 halation → (나쁜) 영향
- 패러독스 paradox → 역설
- 픽스 fix → 최종 결정하다
- 페이즈 phase → (변화하는) 국면, 단계
- 프라이오리티 priority → 우선도, 우선순위
- 브러쉬업 brush up → 품질 향상
- 프레젠스 presence → 존재감, 영향력

- 프로퍼 proper → 정규직, 정식 사원
- 베네핏 benefit → 이익, 복지
- 펜딩 pending → 보류, 계류
- 마진 margin → 이익률
- 마이너리티 minority → 소수파
- 메이저리티 majority → 다수파
- 메터 matter → 문제
- 메너타이즈 monetize → 수익화
- 메소드 method → 방법, 방식
- 모럴 해저드 moral hazard → 윤리 결여
- 유니버설 서비스 universal service → 전국 균일 서비스, 보편적 서비스
- 리크 leak → 누출, 폭로
- 리소스 resource → 경영 자원
- 리터러시 literacy → 읽고 쓰는 능력
- 레귤레이션 regulation → 규칙, 규정
- 레주메 résumé → 요약, 이력서
- 리스폰스 response → 대답, 응답

Chapter 5

더 나은 문장과
글을 위한 습관

더 좋은 문장과 글을 쓰려면
아웃풋과 인풋이 필요합니다.
책을 비롯한 다양한 자극을 즐겨보세요.
예상 밖의 기회가 찾아올 겁니다.

KEYWORD → ☑ 어휘력

 모르는 단어는 사전을 찾는다

읽는 이의 관심을 끄는 매력적인 글을 쓰려면 어휘력이 필요하다. 사전을 찾아서 단어의 뜻을 살피는 습관은 어휘력을 높일 수 있다.

어떤 일정 범위 안에서 사용하는 단어의 수를 어휘라고 하고, 이를 자유자재로 사용할 수 있는 힘을 어휘력이라고 합니다. 어휘력이 좋아지면 세 가지 이점이 있습니다. 첫 번째는 다른 사람에게 '무엇'에 대해 설명할 때 적절한 단어가 머릿속에 즉시 떠오릅니다. 두 번째는 다른 사람의 이야기나 읽은 책의 내용을 더욱 깊이 이해할 수 있습니다. 마지막으로는 같은 단어를 반복해서 사용하지 않아서 표현력이 높아지고, 읽기 편안한 문장을 쓸 수 있습니다. 어휘력을 향상하는 데에 가장 좋은 방법은 사전을 찾는 습관입니다.

사전을 찾는 습관이 가장 중요하다

사전을 찾으면 네 가지 효과를 얻을 수 있습니다. 첫 번째, 동음이의어를 그 쓰임에 맞게 사용할 수 있습니다. 두 번째는 명확한 표현을 사용하게 됩니다. 사전을 찾으면 지금 쓰고 있는 문장에 그 단어를 쓸 수 있는지 없는지를 판단할 수 있기 때문이죠. 세 번째, 용례를 활용하여 올바른 단어 사용법을 배울 수 있습니다. 네 번째는 어휘가 늘고 대화나 문장에서 사용하는 단어도 풍부해집니다. 첫 번째에서 세 번째를 반복하면 아는 단어가 많아지고 어휘 수준도 향상됩니다.

KEYWORD → ✓ 명문

 좋은 문장을 반복해서 읽는다

잘 작성된 글을 반복해서 읽으면 문장력이 높아진다. 좋은 문장을 많이 읽어 문장 테크닉과 리듬감을 익혀보자.

좋은 글이나 문장, 즉 뛰어나게 잘 지어진 명문을 반복해서 읽으면 문장력이 높아집니다. 훌륭한 작가가 쓴 작품이나 글을 본보기로 삼아 글쓰기 연습을 하는 것과 마찬가지 효과가 있습니다. 어휘력이 크게 늘고 단어의 올바른 사용법을 배울 수 있습니다. 선배들이 만든 단어의 쓰임새를 내 것으로 만드는 겁니다. 또한 명문은 독특한 리듬을 갖고 있어서 문장 리듬을 익히는 데 큰 도움을 줍니다. 독서에서 중요한 것은 자신에게 맞는 명문을 찾는 일입니다.

명문을 찾는다

명문을 읽는 것의 이점은…

① 어휘가 늘어난다.
② 단어를 사용하는 테크닉을 배울 수 있다.
③ 문장 리듬을 익힐 수 있다.

뭘 읽어야 할까?

노벨 문학상 수상 작가 책을 읽어볼까?

우선 자신이 좋아하는 책을 택하는 방법이 있습니다. 깊이 감동한 책이 있다면 그것이 자신에게 명문입니다. 만일 그런 책이 마땅히 없다면 저명한 작가가 추천하는 작품을 택하는 것도 좋은 방법입니다. 좋아하는 명문은 한 권이면 충분합니다. 몇십 권을 대충 읽는 것보다 한 권이라도 반복해서 충분히 읽는 것이 중요하니까요. 운동과 마찬가지로 여러 번 반복하면 명문에 사용된 단어가 머릿속에 콕콕 박히고 올바른 단어 사용법도 익힐 수 있습니다. 문장의 리듬 또한 내면으로 깊이 스며들 겁니다.

KEYWORD → ☑ 인생관

 **내면을 갈고 닦는다**

아무리 문장력이 향상되었어도 글쓴이의 내면이 옹졸하면 읽는 사람은 그 마음에 고스란히 알아챕니다. 나 자신의 내면을 갈고 닦는 것이 중요합니다.

단어에는 그 단어를 사용하는 사람의 마음가짐과 품성, 생활관, 인격이 나타납니다. 그리고 그 사람의 평소 생각이 드러나지요. 당연히 글에도 글쓴이의 성격은 물론 사고방식, 사상, 인간성, 가치관 등이 반영됩니다. 지인에게 좋은 일이 생겼을 때 함께 기뻐하며 축하한다는 글을 쓰는 사람이 있는가 하면, 자신과 비교하며 자신의 불행한 처지를 한탄하는 사람도 있습니다. 둘의 차이점은 바로 '인생관'입니다. 다른 사람에게 감동을 주는 글을 쓰고 싶다면 자신의 내면을 갈고 닦아야 합니다.

문장력을 높이려면 인생관 60퍼센트, 정보 40퍼센트, 이를 활용하는 테크닉, 이렇게 세 가지 요소를 갖추어야 한다는 말이 있습니다. 메모하는 습관과 사전을 찾아서 얻는 정보도 중요하지만, 그 이상으로 큰 비중을 차지하는 것은 바로 그 사람의 내면에서 우러나오는 인생관이라는 의미지요. 자신에게 무엇이 부족한지, 무엇이 필요한지, 어떻게 하면 목표를 달성할 수 있는지 등 자신에게 주어진 과제를 고민해 보고 자신과 마주하는 자세로 살아갑시다. 자신의 내면을 갈고 닦으면서 그 내면으로 깊이 들어가 보는 시간을 가지면 문장 테크닉과 정보의 힘이 더해져 좋은 글을 쓸 수 있습니다.

KEYWORD → ☑ 블로그

 글을 쓸 공간을 마련하자

누군가에게 내 글을 읽게 하려면 공간이 필요하다. 그 최적의 공간이 바로 블로그다. 글 쓰는 방법에 연연하지 말고 일단 써보자.

글쓰기가 서툴다고 해서 아무에게도 보여주지 않으면 문장력은 늘지 않습니다. 이런 경우에는 가벼운 마음으로 누구에게든 자신의 글을 보여줄 수 있는 공간이 필요합니다. 그런 용도로 최적인 공간은 바로 블로그입니다. 블로그라면 아는 사람은 물론 다수의 사람 눈에 띌 기회가 많습니다. 그리고 잘 쓴 글이 아니더라도, 설령 오자나 오용이 있더라도 피해를 주지 않는다는 장점도 있지요. 나중에 다시 읽어 보고 '이상한 부분'은 언제든지 수정할 수도 있습니다. 글 쓰는 방식에 크게 집착하거나 신경 쓰지 않아도 괜찮습니다.

문장력을 높이려면 '일단 써보는 것이 좋다'가 작가들의 공통된 의견입니다. 그러니 일단 블로그에서 글쓰기에 도전해 보세요. 계속 쓰다 보면 근력 운동처럼 근육이 붙어서 점점 문장력이 향상될 것입니다. 하루에 한 번, 아무리 사소한 일이라도 일단 써보세요. 도중에 그만두지 말고 지속하는 것이 가장 중요합니다. 왜냐하면 한동안 뭔가를 쓰지 않으면 문장을 구성하는 힘이 약해지기 때문입니다. 계속해서 뭐라도 쓰고 있으면 어떤 문장을 쓸지가 머릿속에 잘 떠오르고 쓰는 즐거움도 배가 됩니다. 블로그를 통해서 글쓰기의 첫발을 내디뎌 보세요.

KEYWORD → ✓ 소개

출판도 할 수 있다

계속해서 블로그에 글을 쓰다 보면 '책으로 출판해 보자'라는 제의가 들어오기도 한다. 작가로 데뷔하는 데 필요한 조건은 무엇일까?

블로그는 자신의 인생관을 다양한 주제로 적는 공간입니다. 또한 정보를 나눌 수 있는 도구이기도 합니다. 무엇을 어떻게 표현하면 잘 전달될지를 생각하면서 블로그에 글을 올려보세요. 그리고 나 또한 누군가의 블로그를 읽고 감동을 받거나 깨달음을 얻게 된다면 댓글을 남겨보세요. 이렇게 남긴 댓글이 계기가 되어 상대도 나의 블로그를 찾아올 수 있습니다. 그리고 이런 관심이 모여 출판으로 이어지는 일도 생긴답니다. 그렇다면 어떤 경우에 블로그 글이 책으로 출판될까요?

나도 작가가 될 수 있다고?

블로그에 계속 글을 쓰게 되면 다른 사람의 블로그에도 가보고 댓글 등의 흔적을 남기게 됩니다. 그러다가 취향이나 관심사가 비슷한 사람이 모이는 사이트에 나의 블로그가 링크되어 많은 사람의 주목을 받게 되기도 합니다. 블로그 내용에 관심을 갖는 사람이 늘어나면 지명도가 높아지고 출판사에 소개되기도 하지요. 이때 내용이 좋으면 책으로 출판해 보자는 제의가 들어오는 것입니다. 요즘은 생각보다 이런 경우가 많답니다. 출판은 작가로 데뷔하는 것을 의미합니다. 작가 데뷔를 꿈꾼다면 일기나 에세이가 아니라 주제가 명확한 글을 써보세요. 그런 글이 훨씬 더 관심을 끌기 쉽습니다.

글에서 중요한 것은 정보의 '정확성'이다

'참 좋은 글이다', '잘 썼다'는 평가를 받는 글에는 공통적인 특징이 있습니다. 바로 정보를 정확하고 명료하게 전달하여 독자가 쉽게 이해할 수 있다는 점입니다. 글이 정보를 전달하는 수단이라는 점을 고려하면 이는 당연한 일입니다.

한편 '독자의 심금을 울리는 문장'이나 '풍경이 머릿속에 떠오를 만큼 생생한 묘사를 한 문장'이야말로 잘 쓴 글이라고 생각하는 사람도 있을 것입니다. 물론 문학이라면 그런 문장이 높은 평가를 받을 것입니다. 하지만 효율성을 따지는 비즈니스 상황에서는 독해하는 데 시간이 빼앗긴다면 어떨까요? 당연히 단시간에 이해할 수 있는 간결하면서도 실용적인 문장이 훨씬 중요합니다. 다만 명확하고 알기 쉬운 문장이라도 주의해야 할 점이 있습니다.

① 오해가 생기지 않는 표현을 사용한다.
② 필요한 정보를 모두 담는다.

①번은 특히 주의해야 합니다. 다음의 예문 1과 같이, 여러 가지 의미로 해석될 수 있어 오해를 일으키는 표현은 반드시 피해야 합니다.

예문 1) A씨에게는 무척 아름다운 여동생과 남동생이 있다.
↓
여동생과 남동생이 아름답다?
여동생만 아름답다?

②번의 경우에는 문장을 쓰기 전에 '글에 담아야 하는 정보'를 미리 메모해서 정리해 두면 정보의 누락을 막을 수 있습니다. 또한 정보 전달을 위한 글을 쓸 때 좀 더 주의해야 할 점이 있습니다. 다음의 두 가지입니다.

③ 자신이 이해하지 못한 내용은 쓰지 않는다.
④ 문장 규칙을 지킨다.

③번이 중요한 이유는, 글쓴이가 내용을 충분히 이해하지 못하면 독자 역시 내용을 이해하기 어렵기 때문입니다. 만약 참고 자료에서 이해하기 어려운 표현이 나오면 그대로 사용하지 말고, 사전이나 다른 자료에서 명확한 의미를 찾아 더 쉽게 풀어쓰는 것이 좋습니다.

④번은 '단락의 처음은 한 칸 들여쓴다', '문장이 끊기는 부분에 쉼표를 찍는다', '대화문은 큰따옴표 안에 넣는다' 등 작문의 기본 규칙을 지키는 것입니다. 최근에는 디지털 도구나 컴퓨터로 글을 쓰기 때문에, 단락 바꿈을 표시하는 한 칸 들여쓰기 규칙이 지켜지지 않는 경우가 많습니다. 또 한 단락의 길이가 너무 길어 가독성이 좋지 않은 문장과 글이 늘고 있습니다. 특별히 주의합시다.

맥킨지의 로지컬 라이팅
비즈니스를 위한 논리적 글쓰기 도감

발행일	2025년 4월 11일
펴낸곳	유엑스리뷰
발행인	현호영
지은이	아카바 유지
옮긴이	이지현
편 집	김지숙
디자인	강지연, 김윤남
주 소	서울시 마포구 월드컵북로 58길 10, 팬엔터테인먼트 9층
팩 스	070.8224.4322
이메일	uxreviewkorea@gmail.com
ISBN	979-11-93217-68-9

* 출판사의 허가 없이 본 도서를 편집 또는 재구성할 수 없습니다.

'TSUTAETAI KOTOGA 100%HYOGENDEKIRU! : LOGICAL BUNSHOJUTSU MIRUDAKE NOTE'
supervised by Yuji Akaba
Copyright © Yuji Akaba 2023
All rights reserved.

Original Japanese edition published by Takarajimasha, Inc., Tokyo.
Korean translation rights arranged with Takarajimasha, Inc. through
Tuttle-Mori Agency, Inc., Tokyo and Amo Agency, Gyeonggi-do.

이 책의 한국어판 저작권은 AMO에이전시를 통해 저작권자와 독점 계약한 골드스미스에 있습니다. 저작권법에 의해 한국 내에서 보호를 받는 저작물이므로 무단 전재와 무단 복제를 금합니다.